중국어권 학습자를 위한
속담교육 연구

양 정 楊靜

박문사

머리말

본 고는 중국 및 한국에 있는 각 교육기관의 한국어 교재 분석을 통하여 중국에서 한국어를 전공하는 한국어 학습자를 위한 효과적인 속담 교육 방안을 제시하는 데에 그 목적이 있다.

1. 한국어 속담 교육 왜 필요하고 중요한가

언어는 문화발전에 영향을 끼치는 도구라고 볼 수 있는데 그 중에서 속담은 인간의 생활과 밀접한 관련이 있는 것으로써 한 민족의 생활모습을 반영한다. 이희승은 "그 민족을 알려면 그 속담을 알아야 하고, 그 속담을 모르고는 그 민족을 말할 수도, 이해할 수도 없는 것이다"라고 했고, 또한 이기문도 속담을 "말 중의 보옥이요, 말 속의 꽃이요, 말 속의 별"이라고 하였다.

외국어를 배우는 목적은 목표언어를 정확하고 유창하게 사용함으로써 목표언어 사회에서 올바른 의사소통을 하는데 있기 때문에 외국어 학습자가 이를 적절히 수행하기 위해서는 목표언어의 다양한 문법적 요소뿐만 아니라 대상언어의 문화에 대해 잘 알아야 한다. 특히, 속담은 사람들의 사고방식과 생활문화 양식이 녹아 있는 한 나라의 문화 결정체이기 때문에 속담을 통해 문화를 교육하는 것은 외국어 교육에서 의미가 크다고 하겠다. 예를 들어 속담은 언어적 표현에 비유성, 교훈성, 풍자성과 같은 다양한 의미를 갖고 있기 때문에 말을 할 때 직설적인 표현보다는 이러한 속담을 적절하게 사용함으로써 상대방을 이해시키는데 효과적인 도움을 주는 것으로 볼 수 있다.[1]

속담의 이러한 교육적 기능성과 의의에도 불구하고 외국어로서의 한국어교육에서는 아직까지 체계적인 교육 방안이 마련되어 있지 않은 실정이다. 그로 인해 외국인이 한국어를 배우는 데 어려움을 느낄 수밖에 없는 것 또한 사실이다. 특히 중국 내 한국어과 학생들은 한국에서 학습하고 있는 중국 학생들에 비하여 직장, 가정생활 등 직접적인 경험을 접할 기회가 거의 없기 때문에 한국 문화를 이해하는데 어려움을 겪는다. 따라서 앞에서도 언급했듯이 한 민족의 역사와 지혜가 담겨 있는 '말 속의 보석', '살아 있는 화석'인 속담에 대해 더욱 체계적이고 보다 효과적인 교육체계가 완성되어야 한다.

현재 한국 내 한국어 교육에서 이루어지고 있는 속담 교육은 다양한

---

1) 이종철, 『속담의 형태적 양상과 지도방법』, 이회출판사, 1998, p.68.

자료와 여러 가지 활동들을 통하여 실현되고 있다. 그 반면 중국 내의 한국어 학습자들에 대한 한국어 교육은 대부분 기본적인 언어 습득만을 위주로 한 교재를 중심으로 행해지고 있으며 언어를 통한 문화 교육은 다양하게 이루어지지 않고 있다. 한국 내 초급 학습 과정에서는 한글 창제 원리에 대한 이해를 시작으로 고급 단계에 이르러서는 한국 문학 작품 감상 등 다양한 방법을 통해 한국어 문화 교육이 이루어지고 있다. 반면에 중국 내에서는 한국어 학습자들이 한국 문화에 대해서 한국 내보다 접할 기회도 별로 없을 뿐만 아니라 한국 문화를 쉽고 빠르게 이해할 수 있도록 돕는 한국 속담에 관한 교재도 발행되어 있지 않다. 심지어 한국어 교재에 실린 속담조차 제대로 다루지 못하고 있는 실정이다. 사람들은 자기의 생각이나 느낌을 정확하고 효과적으로 표현하여 그 상황맥락에서 적절히 표현하고 싶은 의욕이 있는 것은 당연하고, 따라서 중국인이 자주 사용하는 속담도 고려해서 교육용 속담을 선정하는 것이 시급한 문제이다.

1992년 한중 수교가 이뤄진 이래로 양국 간의 교류가 더욱 활발해지고 있는 가운데 중국 내에서 한국어에 대한 관심이 더욱 높아가고 있는 실정이다. 이에 따라 한국어가 양국의 문화교류 협력의 매개체로서 중요성이 커지고 있으며 중국인을 대상으로 하는 한국어 교육은 이제 또 다른 전환기를 맞고 있다. 중국과 한국은 표현하는 내용과 그 표현을 통한 의미 전달에 있어서 유사점도 많기는 하지만 사회제도, 종교, 민족, 관습, 풍속, 인정, 지리, 위치 등 변천 발전해 온 과정이 서로 다른 경향을 띠며 특히 의식표현, 사상, 감정 등의 전달 방식에서 차이가 있기 때문에 중국인 학습자들은 한국어로 대화를 할 때 자주 오류를 발생시킨다.

교육용 속담은 학습의 목표와 내용이 되는 속담으로 교재 편찬 시 반드시 고려되어야 한다.[2] 따라서 본고에서는 한국어를 배우는 중국인 학습자 특히 중국 내 한국어과 학생들의 원활한 한국어 속담 학습을 돕기 위한 방법으로 중국 내에서 가장 많이 사용되고 있는 한국어 교재와 한국 내 교육기관에서 발행된 교재에 수록된 속담을 분석하여, 보다 체계적이고 효과적인 한국어 속담 교육 방안을 모색할 것이다.

한국과 중국의 속담 연구는 지금까지 언어학적 측면에서뿐만 아니라 문학, 민속학, 심리학, 사회학 측면에서까지 활발하게 이루어져 왔다. 국어교육과 관련된 속담의 연구는 언어 사용 능력을 신장시키기 위한 방안으로서의 지도 방법에 중점을 둔 것을 알 수 있는데 연구가 1970년대부터 활발하게 진행되어 왔다. 반면, 외국어로서의 한국어교육 측면에서의 속담 연구는 1990년대 외국 속담과의 비교에서부터 시작되었다. 본고는 외국어로서의 한국어교육 측면에서 필요한 부분만 선정하여 검토하였다.

먼저 속담과 외국어로서 한국어교육 측면에 관한 논문 살펴보면, 유덕자(1997)에서는 외국어로서 한국어교육 분야에 속담을 포함시켜 관용어에 대한 교육을 논의하였다. 이 연구에서는 한국어 학습자들이 서로 다른 문화적 배경 때문에 비롯된 관용어 학습의 어려움을 극복함으로써 실제 생활의 의사소통상황에서 관용어의 이해와 표현능력이 향상되도록 도움을 주기 위하여 외국인의 한국어 교육에 효과적인 방법을 제시하는 것을 목표로 정하였는데 특히 국내 4개 대학의 교재를 중심으로 관용어 교육의 현황을 검토하였다. 이를 통해 분석된 문제점을 바탕

---

2) 이종철, 상게서, p.78.

으로 효과적인 관용어 교육을 위한 방안이 마련되었는데 그 내용은 주로 관용어의 내포된 의미를 이해하고 적절한 상황에서 이를 표현할 수 있는 능력 향상에 중점을 둠으로써 교재가 제시, 설명, 반복, 응용, 및 전이의 단계 순으로 구성되는 것이 바람직하다고 주장하였다.

조항록(1998)에서는 고급 과정 한국어 학습자를 위한 문화 교육의 목표를 설정하는데 있어 어휘적 측면에서 속담, 관용어구, 고사성어, 의성어 의태어 같은 사회 문화적 배경을 갖는 어휘들을 제시하였다.

문금현(1998b)에서는 외국어로서의 한국어 관용표현의 교육에서 먼저 기존의 한국어 교재에 제시된 관용표현의 개수와 항목을 분석하였고 관용표현의 목록을 선정하여 학습 단계별로 제시하였다. 하지만 교재에 나오는 관용표현의 선정 기준과 목록 그리고 제시 방법 등이 체계적이지 못하였다. 이 밖에 교수법과 보조자료 개발의 필요성을 언급하고 학습 모형을 간략하게 제시해 보았으나 이에 대해서는 추후에 본격적인 연구 필요하다는 과제를 남겼다.

조현용(2000)에서는 속담 교육을 해석 중심의 어휘 학습법에서 어원을 통한 어휘 교육의 예로 제시하고 있다. 특히 속담은 구성 어휘의 개별적인 의미를 알고 있다고 하여도 전체의 의미를 알 수 없는 경우가 많기 때문에 속담의 배경지식, 즉 넓은 의미의 어원을 알면 학습에 용이하다고 했다. 또한 외국인 학습자에게 속담이 나오게 된 사회문화적 배경을 설명해야 한다고도 하였다.

이동규(2005)에서는 중·고급 학습자를 위한 한국어 문화어휘 교육에서 국어학과 국어교육학, 외국어로서 한국어교육학 등 각 분야의 선행연구를 검토하면서 실제 교육현장에서 이루어지는 문화 교육은 견학이나 실습 위주의 교육에 머물며 언어적 측면에서의 문화 교육은 잘 이루어지고 있지 않다고 하였다. 속담을 속담관용어라고 명명하고 의사소통 능력의 배양이라는 언어교육의 목적에 맞는 교육방법으로 실제 담화내용에서 나타나는 형태를 학습자들이 실제 의사소통 상황에서 접하는 경우에 이해하고 사용할 수 있도록 하는 교육방법을 마련하고 제시하였다.

임혜진(2007)에서는 외국인들이 학습하기 어려운 관용표현을 두 차례의 설문조사를 통하여 학습자의 수준을 고려하여 관용표현을 교수항목을 선정하였다, 첫째 설문조사 결과 의미의 투명도가 낮을수록 관용표현의 교수항목 선정에 기준이 될 수 있을 것이라는 의견을 뒷받침해 주었다. 둘째, 설문은 의미의 투명도를 반투명, 반불투명, 불투명으로 분류하고 사용빈도를 고빈도, 중빈도, 저빈도로 분류하였다. 그러나 이 연구에서는 속담을 단독적으로 분류하기보다는 관용어의 하위 범주의 하나로 포함하여 다루었다. 관용어의 범주 안에서 속담을 언급하였으므로 속담에 대한 직접적인 논의는 많지 않았다. 그러나 이 연구를 통하여 한국인이 자주 사용하는 속담의 빈도수를 파악할 수 있고 속담이 어떠한 과정을 거쳐 관용어로 변모하였는지에 대한 과정을 볼 수 있으므로 흥미롭다. 고경민(2017)의 경우 바탕기, 태동기, 성장기, 발전기로 시대를 구분하였고, 태동기와 성장기는 각각 다시 1기와 2기로 나누었다. 1870년 이전 시대는 바탕기로 한국어 교재 편찬의 바탕이 되는 시기로 보았으며, 1870년 부터 1909년까지를 태동기 1기, 1910년부터 1945년까지를 태동기 2기, 1946년부터 1988년까지를 성장기 1기, 1989년부터 1999년까지를 성장기 2기, 2000년 이후를 발전기로 보았다. 이렇듯 앞선 연구에서는 속담을 독립적으로 분류 연구한 것이 아니라 대부분 관용어의 하위 범주 안에서 분류하였다.

다음으로 속담과 한국문화에 관한 논문들 살펴보도록 하겠다. 안경화(2001)에서는 속담을 통한 한국 문화의 교육 방안에서 문화적 양상을 설명하였다. 이를 위해서 먼저 속담의 계급사회에 대한 개념과 무속신앙 등을 설명하고 그에 해당하는 속담을 적어 이해하기 쉽게 하였다. 또 비교문화론 관점에서 속담을 분석하였는데 Hofstede이론에 따라 속담을 5가지 개념으로 분석하고 예를 들었다. 또한 속담의 소재와 주제에 따른 분류도 하였는데 속담에 등장하는 소재들은 예전의 생활상을 드러내 주는 민속자료로서의 가치가 높다고 볼 수 있다. 마지막으로 교육용 속담의 선정 기준과 교육 방법이 제시되어 있다. 하지만 선정 기준에 그에 맞는 적절한 예가 제시되어 있지 않다는 것이다. 속담에 나타난 문화적 배경을 잘 설명해야 한다는 식의 너무도 간단한 이론만 설명하고 있을 뿐 교육방법에서도 적절한 예시가 없다. 본 고는 속담을 통해서 한국의 문화를 속담에 어떻게 반영할 것인가를 잘 알 수 있지만 문화를 반영한 속담을 구체적으로 어떻게 교육 현장에서 교육할 것인가는 제시하고 있지 않다.

김현정(2002)에서는 각 학습 단계별로 문화 교육의 적절한 목표를 설정하고 속담 자료 분석을 바탕으로 속담을 통한 한국어 문화 교육의 내용을 구성하고 있다.

김정아(2002)에서는 한국어 교육에서의 속담 활용 방안 연구에서 속담에 대한 선행연구를 통해 국어학이나 국어교육학에서는 연구가 이루어지고 있는 반면에 외국어로서의 한국어교육 분야에서는 아직 미진한 상태임을 확인하였고, 한국어 교육을 위한 문화 교육의 다양한 자료로 속담을 제시한 후 속담의 정의·특징을 정리하여 4개 대학의 부설기관과 1개의 사설 학원에서 쓰고 있는 중급과 고급 교재를 중심으로 속담

교육의 현황을 분석하여 살펴보았다. 교육용 속담을 선정하고 어떻게 학습시킬 것인가에 대한 구체적인 활용 방안을 모색하였다.

오지혜(2006)에서는 언어와 문화의 통합 교육적 관점에서 한국어 학습자의 의사소통 능력을 향상시키는 데 목표를 두고 언어 관련 속담의 교육 내용과 실제를 구성하는 데 중점을 두고 있으나 언어 관련 속담의 교육 연구는 두 가지 면에서 한계점을 갖고 있다고 제시한다. 첫째는 언어문화로서 속담이 가지고 있는 문화적 보편성과 상이성의 문제이고, 둘째는 문화 자체가 가지고 있는 문화를 규정하고 설명하는 데 있어서의 일반화에 관한 문제이다.

이효정(2007)에서는 제2언어 교육으로써의 한국어 교육을 위한 문화 교육의 한 자료로서 언어 문화적 특성을 갖춘 속담을 통한 학습 방법을 제시하였는데 속담을 통한 외국어로서의 한국 문화 교육의 의의를 발견하고 이를 위한 교수들의 학습 모형을 마련하였다는 데 의의가 있다.

정현미(2011)는 일본인 학습자들이 한국 속담을 통하여 한국 문화를 이해하고 일상생활 속에서 한국어 속담을 적절하게 사용할 수 있도록 하는 속담 교육 방안을 제시하였다. 양국의 속담을 대조 분석하여 일본인 학습자에게 속담을 활용한 교육 방안을 제시 할 때 사용할 수 있는 속담목록을 초급, 중급, 고급 단계별로 제시하였다는 데 의의가 있다.

반향동(2014)은 한국어 교재에 제시된 속담을 한 중 속담의 표현과 의미의 일치, 표현 불일치와 의미 일치, 표현과 의미 불일치 측면에 따라 초 중 고급 단계별 교육용 속담 목록을 선정하고 단계별로 속담을 선정해 교육 방안을 마련한 점에서 의의가 있다. 김현숙(2017)은 속담을 활용한 문화 교육에서 문화 주제와 연관된 속담을 연계하여 교육할 때 속담을 위계화하여 적용할 수 있는 체계적인 방안을 제시하고 이를 바탕으로 교육의 현장에서 교수자가 교육의 특성에 맞게 속담을 선정하고 교육과정에 반영할 수 있는 방법을 제공하고자 한 점에 의의가 있다.

이상의 연구들은 모두 속담교육을 문화 교육적인 측면에서 다루고 있다. 더구나 속담은 한 민족의 문화적인 특징을 고스란히 가지고 있다고 할 수 있기 때문에 한국어 학습자가 한국의 문화가 깃들어있는 한국의 속담을 알게 된다면 한국 문화를 보다 제대로 이해하고 파악할 수 있게 될 것이다. 본 고에서 가장 주목해야 할 점은 '외국어로서의 한국어 교육'에서 속담을 통한 문화 교육의 의의를 발견하고 이를 위한 교수 학습 모형을 마련하였다는 데 있다. 이렇게 실제 자료를 이용한 수업은 학습자들의 흥미를 유발하고 의욕을 증진시키며 자연스럽게 속담을 통하여 한국 문화에 접근할 수 있는 기회를 제공한다는 점에서 이 연구의 의의가 있다고 할 수 있다. 하지만 교수 학습 모형은 중급과 고급을 제시하였으나, 각 단계의 목표와 내용 설정을 하지 못한 부분의 한계를 지닌다. 이러한 점을 보완하는 연구는 앞으로 더 진행되어야 한다.

다음으로 한·중 속담 비교 논문들 살펴보도록 한다. 陆欣(1997)에서는 속담은 문장 성분이 많은 간결한 문장이고, 관용어는 독특한 뜻을 가진 동사와 명사를 가지고 있는 여러 가지 특징을 구체적으로 비교 분석함으로써 양국 속담의 개념을 더욱 잘 파악할 수 있다고 보았으며 한·중 속담에 대해 특히 중국 헐후어(歇后语)와의 비교 연구를 중심으로 진행하였다.

배재홍(2001)에서는 한·중 양국 속담에서 나타나는 국민들의 사상, 생활습관, 문화 등 다방면의 차이를 분석하였다. 이러한 속담의 분석을 통해서 당시 국민들의 생활 및 의식을 이해할 수 있다고 주장하였다.

이진선(2006)에서는 속담의 비교연구를 양국 국민의 민족성 내지는 의식구조 감정표현 및 표현형식에서 나타나는 언어구조 또는 의미기능을 비교 대조하는 것이라고 했다. 주로 두 나라의 속담에 대한 개념을 명확하게 설정하여 숙어의 다른 구성원인 '성어, 격언, 관용어'와의 범위에서 속담을 구별하고 한국과 중국의 문화 비교를 중심으로 연구하였다. 그리고 한국과 중국 속담의 표현 형식과 내용에서 모두 同形同意, 同形異意, 異形同意 세 부분으로 나누어 연구를 하였다. 또한 한국과 중국 속담을 문화적 측면에서 공통점과 차이점을 분석하고 생활환경과 전통 의식의 속담을 비교하였다.

왕몽각(2007)에서는 한·중 속담의 개념과 특징을 비교하였다. 그 속담의 비교연구를 통하여 한·중 양국 간의 문화관계를 이해하고 또한 한·중 양국 속담에서 나타나는 국민들의 사상 생활 습관 문화 등의 같은 점과 다른 점을 비교, 분석하였다.

이 논문들 대부분 한국 속담과 중국 속담의 표현 의미상의 공통점과 차이점을 비교하여 분석하였다. 배재홍(2001), 이진선(2006), 왕몽각(2007)은 한·중 양국의 문화적인 측면을 중심으로 언급하고 있다. 동물에 관한 속담 연구로는 김미정(2003)과 윤은원(1999)이 있다. 김미정(2003)에서는 중국에서 나타나는 12가지 동물에 관한 속담을 분석하였다. 이러한 속담의 분석을 통해서 중국 사람의 사고방식을 알 수 있다고 제시하였다. 윤은원(1999)에서는 주로 한국 동물 속담을 분석하였다. 동물 속담의 분석을 통해서 당시 국민들의 생활 및 의식 상황을 이해할 수 있다고 주장하였다. 김민정(2003)과 윤은원(1999)은 한·중 동물 속담에 대한 문화적인 측면을 중심으로 언급하고 있다.

원수은(2003)에서는 베트남인 한국어 학습자를 위한 속담 교육 연구에서 어학, 문학, 외국어로서의 한국어 교육학으로 나누어 선행연구를 검토하고, 외국인을 대상으로 한 한국어 교육 분야에서 한국어 속담의 교육 방법에 관한 연구는 아직 부족한 편이라는 문제점을 밝혔다. 또한 한국어 속담과 베트남 속담의 개념과 기능 및 특징을 비교하였고, 외국어로서의 한국어교육의 측면에서 속담이 어떤 방식으로 교육되는지 교재를 중심으로 고찰하였으며 이를 바탕으로 효과적인 교육 방법을 제안하였다.

예까쩨리나(2004)에서는 러시아인 한국어 학습자를 위한 속담 교육 연구에서 외국어로서의 한국어 교육에 대한 선행연구들을 검토한 후 속담이 가지고 있는 개념과 기능, 역할 및 일반적인 특징을 살펴보았다. 그리고 한국어 속담과 러시아어 속담을 통하여 양국의 사회 문화적 측면에서 비교를 하였다. 그 다음에 속담의 표현 방법 및 내용의 비교를 해보았다. 그리고 한국어 교육 기관에서 사용하는 한국어 교재에 있는 속담 등재 상황을 파악을 통해서 현재 한국어 학습 현장에서 한국어 교육이 어떻게 진행되고 있는 지에 대해서도 알아봤다. 그 상황 및 문제점을 근거로 속담 교육을 위해서 교재가 담아야 할 구체적인 내용과 구성을 살펴본 다음에 러시아인 학습자를 위한 단계별로 교육용 속담 선정을 해 보았다.

양지선(2007)에서는 동남아시아 한국어 학습자를 위한 속담 교육 방안에서 한국의 속담에 대한 언어 문화적인 접근을 인도네시아, 베트남, 태국 학습자를 대상으로 각 해당 국가들의 속담과 함께 비교 대조하여 학습자들에게 문화에 대한 쉬운 이해와 어휘 학습의 폭넓은 접근을 시도해 보았고, 먼저 속담의 정의, 기능, 특징 등을 정리하였으며 선행연구를 검토한 후 한국어 교재에서 나타난 속담을 중심으로 언어, 인생,

가정, 사회, 지능, 사리, 심성, 행위 등 8가지를 주제별로 비교하였다. 이를 바탕으로 동남아시아의 한국어 학습자가 유용하게 한국어 속담을 활용하여 유창한 한국어를 구사할 수 있도록 하기 위한 효과적인 속담 교육 활용 방안을 제시하였다.

김영자(2002)에서는 중국인 한국어 학습자를 위한 속담 교육 연구에서 외국어로서의 한국어교육 분야에서 70년대 시작했던 비교연구와 90년대 이후 시작된 어휘 및 속담 등 관용어 교육에 관한 선행연구들을 검토하고 중국인 학습자를 위한 한국어 속담 교육 방법에 대한 연구의 필요성과 실용성을 밝혔다. 이 논문은 한·중 속담의 개념 특징 의미와 표현의 비교를 통해서 두 언어의 유사점과 문화적 차이를 찾고 속담교육 방법을 마련하기 위해서 현재 한국어 속담 교육 현황을 살펴보고 교육현장 문제점 제시하고 이에 바탕으로 구체적이고도 효과적인 한국어 속담 교육 방법을 급별로 제시하였다. 특히 이 논문은 처음으로 중국인 학습자를 위한 한국어 속담 교육의 좋은 방안을 탐구하였다는 의의가 있다.

이유선(2006)에서는 중국인 학습자를 대상으로 속담지도에 관한 연구를 하였다. 여기서 먼저 속담의 정의와 특성을 제시하였다. 그 다음에 한국에 있는 한국어 교재를 중심으로 그 속에 나타난 속담을 조사하고 분석하였다. 또한 사용빈도가 높은 속담, 학습자의 학습수준에 맞는 속담, 기본 의미가 변하지 않은 속담 등 교육용 속담 선정 기준에 따라 속담을 수준별로 분류했고 지도방안을 제시 하였다.

이상의 논문들은 '외국어로서의 한국어교육 분야' 부분을 나라별로 구체적으로 학습자를 위한 한국어 교육방안을 반영하고 다루는 논문들이었다. 특히 중국인 대상으로 하는 속담교육 연구는 김영자(2002), 이유선(2006), 장지정(2008)이 있다.

이와 같이 본 고는 한·중 속담 교육의 비교와 속담을 관용표현의 한 부분으로 검토한 교육방안 연구에 대한 선행연구를 살펴보았다. 현재 속담교육 방안 논문 중에서 중국인을 대상으로 발표한 논문은 3편밖에 되지 않으며, 이에 대한 연구는 아직 미흡하다는 것을 알게 되었다. 따라서 본 고에서 중국인을 대상으로, 특히 중국 내 한국어 학습자를 중심으로 그 속담 교육에 반영하는 방안을 제시하고자 한다.

2. 한국어 속담 교육의 기존 문제점은
어떻게 해결해야 하는가

현재 중국에서 한국어를 공부하는 학습자가 점점 많아지고 있으나 중국 내에서는 한국의 문화를 접할 기회가 적고, 교재도 많이 부족하여 한국어를 이해하고 학습하는 데 어려움이 있다. 이에 본고에서는 선행연구를 바탕으로 중국 내의 한국어 학습자들이 한국어 속담을 학습하는 가운데 어려움을 겪고 있는 문제들을 찾아보고 그에 따른 효과적인 속담 교육방법을 탐색해보고자 한다.

2장에서는 중국 내에서 가장 많이 사용되고 있는 한국어 교재와 한국 내 각 교육기관에서 발간된 한국어 교재에서 다루는 속담들에 대해서 분석하고자 한다. 그리고 교재에서 나타난 문제점과 차이점을 찾고자 한다.

3장에서는 2장에서 기존의 교재들은 속담에 대하여 제대로 인식을 하지 못했고, 제시된 목록들의 선정 기준이나 학습단계의 구분 제시방법 등을 체계적으로 갖추지 못하고 있다는 문제의 해결을 위해서는 속담 교육의 중요성을 새롭게 인식하고 객관적인 기준에 의해서 다시 교육용속담을 선정할 것이다. 선정된 속담을 同意同形, 同意異形, 同形異意, 異意異形로 각각 구별하여 비교분석을 통해서 초·중·고 단계별로 나누어 중국인 학습자한테 적절한 교육용 속담 목록을 선정하겠다.

4장에서는 3장에서 선정된 교육용 속담 목록을 바탕으로 중국인 한국어 학습자에게 효과적이고 체계적인 속담 교육 방안을 제시하고자 한다.

한국어 교재에 나타난 속담 분석

1. 중국 내 한국어 교재에 나타난 속담

언어 교육에서 기본적인 3요소는 교사(teacher)와 학습자(learner)와 교재(materials)이다.[3] 이 중 교재란, 교육을 누가 무엇을 누구에게 가르치는 행위로 볼 때 바로 이 무엇을 담고 있는 총체물이다. 따라서 중국 내에서 출판된 한국어 교재에서 속담 제시상황을 분석하면 중국 속담 교육의 현황을 파악할 수 있는 중요한 자료를 얻을 수 있다. 중국

---

3) Daoud and celce-murcia (1979)에서는 외국어 교육을 인간적 요소(교사, 학습자)와 비인간적 요소(교재, 교수요목, 학습 배당 시간)의 상호작용으로 보고 교재를 교사와 학습자를 연결해주는 매개체로 보기도 한다. 교사가 교육 현장에서 학습자에게 '그 무엇'을 가르치고, 학습자가 '그 무엇'을 배운다고 할 때, 교재는 '그 무엇'을 담아내는 총체적인 도구라고 말하고 있다.

에서의 한국어 교재 편찬은 대체로 4단계로 나누어 볼 수 있다. 제1단계는 1950년대부터 1960년대까지이고, 제2단계는 1970년대 초반부터 1990년대 초반까지이다. 그리고 제3단계는 1990년대 중반부터 1990년대 후반까지이고 제4단계는 2000년부터 오늘까지이다.[4] 여기에서는 제3~4단계의 교재들을 중심으로 검토하기로 한다. 이들 교재를 분석 대상으로 삼은 이유는 다음과 같다. 1992년 한·중 수교 이후 경제적인 교류와 합작에 힘입어 중국에서는 한국어교육 붐이 일기 시작하면서 한국어과가 우후죽순처럼 개설되었다.[5] 이때부터 출판된 교재들을 진정한 의미의 '한국어' 교재라고 볼 수 있다. 「표준한국어」교재는 필자가 직접 사용한 경험도 있다. 이때 나왔던 교재들이 현재 중국 내 대학교 한국어과에서 가장 많이 사용하고 있는 대표적인 주교재들이다. 교재는 외국어 교육에서 필수적인 요소로서 본고에서는 현재 중국의 한국어 교육 현장에서 가장 많이 사용되고 있는 세 종류의 교재를 중심으로 교재 속에 나타난 속담의 현황을 살펴보고자 한다. 따라서 본고에서 이 교재들을 연구의 대상으로 선정하였다. 본 고에서 선정한 교재는 총 13권이다.

1. 북경대 등 25개 대학교에서 공동 개발하고 북경대학교출판사에서 출판한 「표준한국어」
2. 북경대학교에서 개발하고 민족출판사 출판한 「한국어」
3. 연변대학교에서 개발하고 출판한 「초급한국어」「중급한국어」「고

---

4) 『중국에서의 한국어교육Ⅱ』(한국문화사, 1999)를 참조하였다.
5) 김순녀의 「중국에서 한국어 교육 연구의 현황과 과제-정독교재를 중심으로-」(선청어문 31, 2003)와 장광군의 「중국에서의 한국어 교재 개발의 문제점 및 해결 방안」(선청어문 31, 2003)에서 중국 내 교재에서 현황에 대한 설명부분을 참고하였다.

급한국어」[6]

위의 선정된 교재 속에 나타난 속담은 다음과 같은 기준으로 속담을 분석하였다[7]

① 교재에서 속담이 차지하는 비중은 어떠한지 알아본다.
② 교재에서 몇 급부터 속담을 제시하고 있는지 알아본다.
③ 교재에서 어떤 속담이 제시되었는가를 알아본다.
④ 교재에서 속담 제시 방법은 어떠한지 알아본다.
⑤ 한국문화에 대한 이해를 수행하는 데 속담이 얼마나 기여하고 있는지 알아본다.

이 장에서는 북경대학교출판사에서 출판한 표준한국어(1~3), 민족출판사 출판한 한국어(1~4), 연변대학교 출판한 초급한국어(상 하), 요녕출판사에서 출판한 중고급한국어의 순으로 살펴보겠다.

「표준한국어」 교재는 1992년 한중 수교 이후 북경대학교를 비롯해 25개 대학교가 한중 합작을 통해 만든 교재이다. '한국어'라는 이름으로 출판되었으며 처음으로 '조선어'의 틀을 벗어난 한국어 교재이다. 이 교

---

6) 중국 내에서 가장 많이 사용하고 있는 교재로는 4가지가 있다. 북경대학교출판사에서 출판된 교재, 연변대학교에서 출판된 교재, 민족출판사에서 출판된 교재, 연세대학교에서 출판된 교재이다. 본고에서는 중국 내에서 출판된 교재만을 분석대상으로 하였기 때문에 여기서 연세대학교 교재는 제외시켰다. 그러므로 본고에서 선정한 교재는 『표준한국어』(1~3권), 『한국어』(1~4권 초급2권 중급2권), 『초급한국어』, 『중급한국어』, 『고급한국어』(1~6권 초급2권 중급2권 고급2권)로 총 13권이다.
7) 김정아, 「한국어 교육에서의 속담 활용 방안 연구」(한국외국어대학교 석사논문, 2002), p.26. 교재 속에 나타난 속담 분석기준을 재인용.

재는 총 30과[8])로 이루어져 있고 과마다 본문은 회화 위주로 문법항목
은 본문에서 나온 내용을 중심으로 다루었고, 연습은 다양한 형식으로
말하기와 문법연습을 다루고 있는 것이 특징이다. 청각구두식 교수법
을 사용하여 말하기능력 향상을 목적으로 한 이 교재는 중국에서의 한
국어 교육의 획기적인 성과로 평가 받고 있다. 이 교수법은 행동주의
심리학을 바탕으로 반복적인 연습을 통해 말하기 능력을 향상시킬 수
있는 반면 말하기만 지나치게 강조하여 언어의 내용과 의미를 소홀히
한 것이 결함일 수 있다. 이 책 표지에는 중국에서 한국어학과가 개설
되어 있는 20여개 대학과 저자들을 밝히고 있으나, 중국 교수 중의 일
부는 교과서의 번역에만 참

여하였을 뿐이고 교과서 편찬에서는 제외되었다. 따라서 이러한 양
상은 중국 내 한국어 학습자의 특징이 충분히 반영되지 못하고 있다는
점이 문제점으로 지적된다.[9]) 우선, 이 교재 내 속담 현황에 대해서 알
아보기로 한다.

〈표 1〉「표준한국어」교재의 속담 목록 (1~3권 2002년 판)

권수	과	속담	개수	총수
1권			없음	
2권			없음	
3권	1과	부부싸움은 칼로 물 베기		9개
	9과	등잔 밑이 어둡다	9개	
	13과	갈수록 태산		

---

8) 1과부터 12과까지는 발음연습을 다루고 있고 13과부터 30과까지는 읽기 위주로 한
   내용들이다.
9) 지연, 「중국대학용 한국어 교재의 대조분석 및 교재개발 방안」(상명대학교 석사논문,
   2004), p.12.

16과	까마귀 날자 배 떨어지다		
17과	빈 수레가 요란하다 원숭이도 나무에서 떨어질 때가 있다 오르막이 있으면 내리막이 있다 벼가 익으면 고개를 숙인다		
22과	소문난 잔치에 먹을 것 없다		

〈표 1〉과 같이 「표준한국어」1, 2권에서는 속담을 다루고 있지 않고 〈표1〉 3권에서 총 9개나 나온다. 중국 내 한국어 학습자들이 처음으로 속담을 접할 때는 어렵고 부담을 줄 수도 있지만 문법이 간단하면서도 표현, 의미가 중국 속담과 똑같은 속담을 교육하면 학습자의 흥미를 불러일으킬 수 있고, 학습자가 자발적으로 한국어를 공부하도록 유도할 수 있다. 초급에서 시작하여 중, 고급으로 자연스럽게 이어지면 속담 교육이 더 수월해 질 수 있을 것이다. 이러한 점에서 한국어 교재에 나온 속담은 초급에서 습득하는 것이 보다 적절하다고 할 수 있다. 이 교재 에서는 속담을 제시할 때 단순히 나열하기만 하고, 학습자의 이해를 도울 수 있는 보충설명을 다루고 있지 않았다. 모든 속담을 본문에서 다루지 않고 문형 제시나 예문에서 제시하고 있으며 해당 중국어 속담도 제시하고 있지 않다는 점 또한 학습자에게 더욱 부담을 주고 교사의 지도에 의지할 수밖에 없게 하는 문제점이 있다.

[예시 1]

ㄱ : 김 박사님은 언제 봐도 겸손해요.

　　金博士总是很谦虚

ㄴ : 원래 벼가 익으면 고개를 숙이는 법이에요

原本就是知识越多越谦虚（虚怀若谷）

[예시 2]

ㄱ : 이번 일은 정말 꼭 성공할 거라고 믿었는데 어떻게 하지요?

本来一直坚信这件事一定会成功的,怎么办呢?

ㄴ : 너무 낙심하지 마세요. 오르막이 있으면 내리막도 있는 법이니까요.

别太灰心， 有上坡就有下坡嘛。

(표준한국어 3권 17과 신사임당 p.194)

[예시 1] [예시 2]를 보면 해석은 나와 있으나 대응하는 중국어 속담은 제시하지 않았다. 오히려 학습자에게 부담을 줄 수 있다고 본다. 교사의 설명이 절대적으로 필요하다.[10) 또한 중국 내 학습자 같은 경우 한국문화에 대해 쉽게 접할 기회가 별로 없어서 속담을 실제로 사용하는 상황은 더더욱 없는 실정이다. 이에 따라서 교재에서 속담을 제시할 때의 문제점은 단순한 나열식이 많이 부족하다. 여러 담화상황을 설정의 제시를 통해서 학습자의 이해를 돕는 자료를 많이 제시해야 된다. 또한 1, 2권에서는 속담을 전혀 다루지 않았고, 9개 속담 모두 고급단계인 3권에서 소개하였다. 3권에서 제시되는 속담도 주제별 난이도에 따라서 제시하는 것은 아니라는 점을 쉽게 찾아 볼 수 있다.

다음으로는 북경대학교 한국어 교재를 살펴보겠다.[11) 북경대학교의

---

10) 관련된 중국 속담들을 예를 들자면 "十年河东,十年河西"(십년이면 황하 동쪽에 있는 마을이 황하 서쪽으로 변한다). "三十年风水轮流转"(운수란 것은 삼십년마다 도는 것이다).

11) 21세기에 들어 와서 중국에서는 한국어 교재발간이 그야말로 전성기를 맞았다고 할

「한국어」의 기본체계는 「표준한국어」 체계를 따랐는데 자음과 모음의 순서배열은 「표준한국어」 체계와 대체로 똑같다. 이 교재도 역시 마찬가지로 본문, 단어, 어법설명, 연습 등 네 부분으로 다루어지고 있다. 1과부터 10과까지 발음연습 단계이고, 11과부터 25과까지 회화과 읽기를 위주로 한 내용들이다. 이는 중국 내 각 대학교의 한국어과 학생을 대상으로 발간된 교재라고 밝히고 있다. 총 4권이고 사용 대상을 1, 2학년 학생들로 하여 출판되었다. 이 교재는 처음에 한국어를 배우는 학생의 어려움을 충분히 고려하여 중국어 발음과 비교하면서 설명하였다. 구어와 문어 모두를 충분히 고려하여 초급 1권부터 4권까지 회화문과 읽기 지문을 따로 함께 실었다. 본문의 대화문에서 매 과마다 인물들의 이름이 다를 정도로 다양한 인물들이 등장하고, 제2권 이후에는 대화에 등장하는 인물들을 약 네 명에서 여섯 명 정도로 한정하였다. 상황은 주로 중국 생활을 배경으로 하고 일부 한국생활을 배경으로 하여 생활 속에서 겪게 되는 일들을 중심으로 다양한 주제를 구성하고 있다. 이 교재는 한국 일상문화와 성취문화를 중심으로 다뤘다. 한국의 일상생활뿐만 아니라 현대한국, 사회문화, 전통문화 등 한국인의 사고방식이 반영되는 한국 문학작품 등을 수록하여 다양한 한국문화가 드러나도록 했다.

수 있을 만큼 많은 교재들이 출판되었다. 이 가운데에서 연변대학교의 최희수의 「초급한국어」(상·하), 「중급한국어」(상·하), 「고급한국어」(상·하)와 북경대학교의 이선한 등의 「한국어」가 대표적이다. 북경대학교 조선어문화연구소의 이선한 등과 한국의 국립서울대학교 국어교육연구소가 함께 펴낸 「한국어」(1~4권)도 2001년도에 발간되었다.

권수	과	속담	개수	충수
1권	20과	3) 누워서 떡 먹기	1개	
2권	2과	5) 양은 양끼리 염소는 염소끼리	13개	44개
	4과	6) 돌다리도 두드려 보고 건너다		
	9과	7) 일거양득 8) 일석이조 9) 낙엽 쓸고 돈 줍는다 10) 꿩 먹고 알 먹는다 11) 도랑 치고 가재 잡는다 12) 임도 보고 뽕도 딴다		
	11과	13) 가재는 게 편이다 14) 유유상종		
	12과	15) 쥐 죽은 듯하다 16) 물 쓰듯 하다 17) 영문을 모르다		
3권	6과	18) 가정을 잘 다스리는 사람이 밖에서도 큰일을 할 수 있다		
	11과	19) 사랑을 받고 못 받고는 제 할 탓이다 (잘 되면 제 탓 못 되면 조상 탓)		
	13과	20) 내 코가 석 자 21) 떡 줄 사람은 생각도 않는데 김칫국부터 마시다 22) 열 번 찍어 안 넘어가는 나무 없다 23) 호랑이한테 물려가도 정신만 차리면 산다 24) 하늘이 무너져도 솟아날 구멍이 있다 25) 백짓장도 맞들면 낫다 26) 낙숫물이 댓돌을 뚫는다 27) 닭 잡아먹고 오리발 내민다 28) 우물가에서 숭늉 찾는다 29) 기와 한 장 아끼려다 대들보 썩힌다 30) 호미로 막을 것을 가래로 막는다 31) 천릿길도 한 걸음부터 32) 낮말은 새가 듣고 밤 말은 쥐가 듣는다 33) 바람 안 새는 벽 없다		

		34) 고진감래	
		35) 먼 친척이 가까운 이웃만 못하다	
		36) 티끌 모아 태산	
		37) 빛 좋은 개살구	
		38) 소귀에 경 읽기	
		39) 하룻강아지 범 무서운 줄 모른다	
4권	2과	40) 내가 먹자니 성에 안 차고 남 주자니 아깝다	5개
	3과	41) 백 번 듣는 것이 한 번 보는 것만 못하다	
	5과	42) 곳간에서 인심 난다	
	6과	43) 눈뜬장님이다 일자무식이다 낫 놓고 기역자도 모른다 글자를 배우면 팔자가 사나워진다	
	9과	44) 백짓장도 맞들면 낫다	

〈표 2〉를 보면 알 수 있듯이 「표준한국어」보다 제시된 속담이 훨씬 많다. 초급단계(1, 2권)에서부터 제시하였고, 1권에서 2개, 2권에서 13개를 제시하였다, 주로 중급(3, 4권)에서 특히 3권을 중심으로 많은 양의 속담을 다루고 있다는 점을 알 수 있다. 그것도 한 과에서 집중적으로 속담을 다루었다. 중급(4권)의 경우는 더 많아야 하는데 오히려 더 적게 나온다는 것을 알 수 있다.

초급(1, 2권)에서 관용형 '-라는/-이라는' 문법을 제시할 때 "누워서 떡 먹기"라는 속담을 인용하며 설명하였다. 해당되는 중국어 해석 '你知道躺着吃打糕这句话的意思吗?'라고 나와 있지만, 글자 그대로 해석해 보아도 구체적인 속담의 의미가 전혀 나와 있지 않다는 점에서 문제가 있다고 본다. 물론 떡이라는 주제는 나오고 한국인의 일상생활 문화를 언급했지만 일률적으로 나열하기만 하고 해당하는 설명이나 예문 등 속담 내용의 이해를 쉽게 알 수 있는 자료가 제시되지 않은 점이 큰 문제로 지적될 수 있다고 생각한다. 이에 따라 학습자, 특히 초급 학습자에게 큰 부담을 줄 수 있을 뿐만 아니라 교사도 큰 부담을 느낄 것이고 효과적이지 않아 오히려 한국어에 대한 흥미를 떨어뜨릴 수도 있다는 것이다. 특히 중급 3권 13과 "속담의 지혜"의 제목으로 집중적으로 20개의 속담을 본문에서 소개하였다. 이처럼 속담의 중요성을 인식하고 간단명료하게 많이 소개해 주려는 의도는 좋지만, 배우려는 학생 입장에서는 상당히 큰 부담을 가질 수 있다는 점에서 적당하지 않다고 본다. 속담풀이는 중국어로 전혀 설명이 되어 있지 않고, 대응하는 여러 예문과 연습도 제시되어 있지 않는다는 점도 문제이다. 실제 활용의 효과는 더욱 기대할 수 없고 예측도 할 수 없게 되었다. 3권의 13과에서 소개했던 속담은 거의 전 교재의 반 정도를 차지하고 있다. 매우 불균형적으로 배열되었다는 것을 알 수 있다. 나열만 하지 말고 속담의 중요성을 인식하고 여러 방법으로 제시하며, 문화적으로 지닌 특징을 중심으로 소개하는 쪽으로 더욱 보완되어 한다고 본다. 그리고 역시 이 교재도 「표준한국어」처럼 난이도의 문제를 지니고 있다. 대화나 문맥 속에서 속담을 제시하고 가르치는 것은 바람직하지만 다른 한편으로는 중국 내 학습자를 대상으로 출판된 교재이기에 중국 학습자들이 자주 사용하는 속담도 고려해야 하며, 속담을 지나치게 단조롭게 제시하는 점을 개선하고 보완해야 한다.

다음으로는 연변대학교 한국어 교재를 살펴보겠다. 연변대학교의 「초급 한국어 상/하」, 「중급 한국어 상/하」, 「고급한국어 상/하」는 중국인 학습자를 대상으로 처음으로 초·중·고급의 단계별 교수방법에 쓸 수 있는 정독교재를 편찬하였다. 하지만 이 교재는 교재 편찬자가 조선족으로서 한국어를 모어로 사용하는 한국어 교사가 집필한 책으로써 한국의 현실적인 상황을 사실적으로 잘 반영하고 있지 못 하고 있기 때문에 연변 지역 외 다른 중국 교육 현장에서도 잘 사용할 수 있는 것에 대해서는 한계가 있다. 이 교재는 회화문을 초급만 제시하고 한국 문학 작품의 수필, 시, 소설과 같이 한국 중고등학생용 국어책에서 나온 작품 등을 많이 소개하고 있는 것이 큰 특징이라고 볼 수 있다. 물론 다량의 자료를 수집하여 최대한 많이 한국의 전통 문화를 소개하려는 의도는 좋다고 생각되지만 처음 한국어를 접하는 중국인 학생의 기본 회화 및 의사소통 능력 향상을 소홀히 할 수 있으며, 흥미를 유발하지 못할 수 있다는 우려가 있다.

〈표 3〉 연변대학교 한국어 교재의 속담 목록

권수	과	속담	개수	총수
초급 (상)	28과	까마귀 날자 배 떨어진다	1개	
초급 (하)	2과	그림의 떡이다	4개	
	8과	십 년이면 강산도 변한다		17
	14과	세 살 적 버릇이 여든까지 간다		
	15과	그 아버지에 그 아들		
중급 (상)	1과	간이 콩알만 하다	9개	
	2과	공든 탑 무너지랴		
	7과	오는 말이 고와야 가는 말이 곱다 말 한 마디에 천 냥 빚도 갚는다 말은 보태고 떡은 뗀다 아 해 다르고 어 해 다르다		

	9과	쓴 약이 몸에 좋다(쓴 것이 약)		
	12과	아 다르고 어 다르다		
	16과	소귀 경 읽기		
중급 (하)	1과	백문이 불여일견이라	1개	
고급 (상)	8과	이웃사촌	2개	
	10과	엎친 데 덮친 격		
고급 (하)		없음	0	

〈표 3〉을 보면 속담이 초급부터 제시되는 것을 볼 수 있고 특히 중급 (상)에서 가장 많이 제시되는 것을 볼 수 있다. 하지만, 중급(하)부터는 오히려 그 수가 적어진 것을 볼 수 있으며 특히 고급에서는 속담을 가 장 적게 다루고 있다. 속담은 초급이나 중급보다는 고급(상·하)에서 많이 실어야 하는 것임에도 불구하고 오히려 찾아보기 힘들 정도임을 알 수 있다. 따라서 이 교재는 속담의 중요성은 인식하고 있으나, 그것 을 단계별로 체계적으로 제시하지는 못하고 있다 할 수 있다.

이를 테면 '一자'라는 문법을 설명할 때 예문으로써 "까마귀 날자 배 떨어진다."라는 속담을 제시하였다. 앞 뒤 문맥 없이 이해를 돕는 자료 도 제시되어 있지 않아 중국인 초급 단계 학습자에게는 어려울 수밖에 없다. 초급 단계에서 중국인의 언어 사용습관도 함께 고려하여 중국인 학습자가 자주 사용하는 간단한 속담부터 난이도 조사를 하여 엄격하 게 제시할 필요가 있다고 본다. 예를 들면 26과 '설악산은 아름답습니 다'에서 설악산과 금강산을 제시하면서 '금강산도 식후경'이라는 속담 을 함께 소개할 수도 있다. '까마귀 날자 배 떨어진다,' '십 년이면 강산도 변한다', '세 살 적 버릇이 여든까지 간다' 등의 속담은 중급부터 제시하는 것이 적절하다. '백문이 불여일견이라', '쓴 것이 약과 같이 중국어에도 같은 의미를 지니고 있는 속담은 초급에서 제시해도 충분히 이해할 수 있다. 또한 '십 년이면 강산도 변한다'라는 속담은 현재 지구촌화 시대에서 현실적인 사용가치가 많이 떨어진다. 실제 삶 속에서 자주 사용하고 시대정신이 있는 속담을 지도하도록 해야 한다.

물론 '이도 안 난 애들에게 웬 콩밥이냐'라고 할 수 있지만 단계별로 중국 내 학습자의 수준에 맞춰 조금씩 가르쳐주고 늘려나간다면 큰 효과를 기대할 수 있을 것이다. 속담 교육의 필요성은 아무리 강조를 해도 지나침이 없다.

2. 한국 내 한국어 교재에 나타난 속담

앞장에서는 현재 중국 내 한국어 교육 현장에서 가장 많이 사용 되고 있는 세 가지 교재를 중심으로 교재 속에 나타난 속담의 현황을 살펴봤다. 한국어 속담 교육 현황을 알아볼 수 있는 중요한 자료는 한국어 교재이다. 따라서 현재 한국 내 주요 한국어 교육기관에서 발간된 한국어 교재를 중심으로 살펴보고자 한다. 그 목적은 중국 내 한국어 속담 교육의 현황과 한국 내 한국어 속담 교육 현황의 비교를 통해서 그 차이점과 문제점을 찾는 데에 있다. 연세대학교 교재「한국어」, 서울대학교 한국어 교재, 경희대학교 교재「한국어 초급 중급 고급」, 선문대학교 한국어 교재, 계명대학교가 발행한「살아있는 한국어」(속담 편)을 분석대상[12]으로 하였다.

우선 계명대학교 한국어 교재부터 살펴보겠다. 이 교재의 전체 과는 〈표 4〉와 같이 60개로 구성되어 있으며 본문 구성은[13] 먼저 그림으로 제시하여 대화문을 학습하기 전에 해당 속담의 의미를 유추해 볼 수 있도록 한다. 그 다음에 한국의 생활을 반영하는 다양한 대화문을 통해서 자연스럽게 해당 속담을 익힐 수 있도록 구성하였다. 그 다음 해당 과에서 배운 속담을 이용하여 제시된 문장 속에 적절한 형태로 넣는 연습을 하게 한다. 그 다음 해당 속담을 이용한 짧은 글이나 여러 가지 게임 등을 소개하여 말하기 활동을 통해 더욱 친숙하게 속담을 학습할 수 있도록 하였다. 마지막으로 종합 연습단계를 통해서 학습의 이해도를 확인하는 기회를 제공하였다. 종합하면 이 교재는 '그림제시➜대화 ➜연습해요➜함께해요➜종합연습' 5단계에 걸쳐서 한국어와 한국문화

---

12) 교재 선정 이유는 연세대학교 교재가 국내외에 가장 많이 알려졌으며, 교육생 역시 가장 많이 배출하였다. 연세대학교 교재는 한국어 교재중에서 가장 많이 사용되고 있는 교재 중 하나이기도 하고 한국에서 한국어 교육 역사가 가장 오래된 학교의 교재이기 때문에 선정하였다. 경희대학교교재 또한 경희대에서 많은 교육생을 배출 하였고 그 중에서 중국인 학생이 가장 많은 비중을 차지하고 있기에 선택하였다. 선문대학교 교재를 선택한 이유는 다른 교재에 비해 문화에 중점을 두고 가장 많은 속담을 다루고 있기 때문이다. 계명대학교 교재는 처음으로 전문적으로 속담시리즈 로 소개를 목적으로 한 한국어 속담 교재라는 점에서 선택하였다.

13) 김선정, 김성수(2006)의 1차 선정, 2차 선정, 3차 선정의 단계를 자세히 설명하면 다음 과 같다. 1차 선정-선행연구 결과: 사용 빈도가 높은 속담, 사용 범위가 넓은 속담, 기본 의미가 본래대로 잘 유지되는 속담, 학습자의 수준에 맞는 속담, 한국 문화를 적절하게 드러내는 속담인지를 판단하여 1차적으로 80개를 선정했다. 2차 선정-빈도 수 한국인 대학생 90명을 대상으로 1차로 선정된 80개를 다시 설문 조사하여 사용빈 도순으로 순위를 배겼다. 3차 선정-난이도:2차 선정된 속담을 외국인 학습자 30명을 대상으로 설문조사 후 난이도(초급, 중급, 고급)를 나누었다. 한국어속담 목록을 선정 하는 기분에서 의미의 투명성의 정도에 따라, 즉 직설적 의미로 함축적 의미를 예측할 수 있는가에 따라 반투명한 유형(초급), 반불투명한 유형(중급), 불투명한 유형(고급) 으로 나누어 제시하였다.

를 보다 올바르게 가르칠 수 있도록 하고 있다.

처음으로 외국인 학습자를 위해 발행한 한국어 속담 교재로써 그 가치와 의미는 크다고 본다. 만화로 제시하고 학습자의 흥미를 유발하면서 자연스럽게 한국문화를 경험하게 되고 한국어 학습도 커지는 효과를 기대할 수 있다.

〈표 4〉계명대학교「살아있는 한국어」교재의 속담 목록 (속담 편)

順序	「살아있는 한국어」속담
1)	믿는 도끼에 발등 찍힌다
2)	가는 말이 고와야 오는 말이 곱다
3)	호랑이도 제 말하면 온다
4)	식은 죽 먹기
5)	병 주고 약 준다
6)	작은 고추가 맵다
7)	티끌 모아 태산
8)	우물 안 개구리
9)	등잔 밑이 어둡다
10)	금강산도 식후경
11)	하늘의 별 따기
12)	세 살 적 버릇 여든까지 간다
13)	소 잃고 외양간 고친다
14)	울며 겨자 먹기
15)	원숭이도 나무에서 떨어진다
16)	말이 씨가 된다
17)	걱정도 팔자다
18)	싼 게 비지떡
19)	하룻강아지 범 무서운 줄 모른다
20)	가는 날이 장날이다
21)	도둑이 제 발 저리다
22)	하늘이 무너져도 솟아날 구멍이 있다
23)	갈수록 태산이다
24)	옷이 날개다
25)	친구 따라 강남 간다

26)	불난 집에 부채질한다
27)	떡 줄 사람은 생각도 않는데 김칫국부터 마신다
28)	시작이 반이다
29)	미운 놈 떡 하나 더 준다
30)	우물을 파도 한 우물을 파라
31)	백지장도 맞들면 낫다
32)	꿩 먹고 알 먹는다
33)	벼룩의 간을 내어 먹는다
34)	배보다 배꼽이 더 크다
35)	입에 쓴 약이 몸에 좋다
36)	윗물이 맑아야 아랫물이 맑다
37)	보기 좋은 떡이 먹기도 좋다
38)	새 발의 피
39)	고생 끝에 낙이 온다
40)	팔은 안으로 굽는다
41)	도토리 키 재기
42)	오르지 못할 나무 쳐다보지도 말아
43)	웃는 낯에 침 못 뱉는다
44)	돌다리도 두드려 보고 건너라
45)	고래 싸움에 새우 등 터진다
46)	열 길 물속은 알아도 한 길 사람 속은 모른다
47)	물에 빠지면 지푸라기라도 잡는다
48)	개구리 올챙이 적 생각 못한다
49)	꿩 대신 닭
50)	비 온 뒤에 땅이 굳어진다
51)	아니 땐 굴뚝에 연기 날까
52)	벼는 익을수록 고개를 숙인다
53)	쇠귀에 경 읽기
54)	수박 겉핥기
55)	달면 삼키고 쓰면 뱉는다
56)	잘 되면 제 탓 못 되면 조상 탓
57)	열 손가락 깨물어 안 아픈 손가락 없다
58)	천 리 길도 한 걸음부터
59)	꿀 먹은 벙어리
60)	서당 개 삼 년이면 풍월을 읊는다

[예시 3] 대화문제시

요코 : 왕량, 너 오늘 수업 시간에 심하게 졸더라. 교수님께서 계속 너를 보고 계시는데 눈치도 못 채고.......어제도 졸던데 요즘 왜 그래?

왕량 : 요즘 과제가 얼마나 많은지 그거 하느라 잠을 제대로 못 자. 게다가 모두 한국어로 해야 하니까 너무 힘들어. 어제도 새벽 한 시가 훨씬 넘어서 잤는걸.

요코 : 왕량, 그건 나한테 비하면 새 발의 피야. 나는 아르바이트를 하면서 과제에 시험 준비까지 하느라 하루에 거의 서너 시간 밖에 못 자. 그래도 나는 수업 시간에 안 졸아.

왕량 : 나도 수업 시간에 졸지 않으려고 정말 많이 노력해. 하지만 나도 모르게 눈이 감기는 걸.

요코 : 그러다가 시험 시간에도 졸면 정말 큰일인데......

[예시 4] 활용예문

▶ 가 : 어제 564번 버스를 30분이나 기다렸어요.

　나 : 30분은 새 발의 피예요. 나는 한 시간이나 기다린 적도 있어요.

▶ 가 : 새로 생긴 분식집에 가 봤어요? 그 집 떡볶이가 아주 매워요.

　나 : 저도 먹어 봤는데 그건 새 발의 피예요. 학교 앞에 있는 분식 집 떡볶이는 한 개 먹고 물 한 병을 다 마실 정도로 매워요.

(p.160 「살아있는 한국어」)

이와 같이 대화문을 제시하고 활용 예문도 함께 소개하고 있다. 앞뒤 문맥을 통해서 쉽게 속담의 뜻을 이해하고 한 걸음 더 나아가 관련 속담을 실제 사용하는 상황에서 어떻게 사용해야 되는지를 한 눈에 알아볼 수 있게 소개하였다. 위에 제시한 것처럼 과마다 하나씩 속담을 소개함으로써 해당 속담의 활용까지 다루었다. 대부분의 상황에서 중국어에도 비슷한 표현의 비슷한 속담이 있으므로 학습시간이 훨씬 단축될 것이다. 하지만 속담의 의미에 미묘한 차이가 있어 외국인 학습자가 이를 파악하기는 어려우므로 학습자의 모국 문화를 고려해야 한다. 어휘부터 현재 지니고 있는 의미까지 단계적이고 계획적으로 진행하는 것이 중요하다. 그리고 이 교재에서는 초, 중, 고급 수준에 맞추어 명확하게 제시하고 있지 않다. 한국어 학습자 중 중국인 학습자가 가장 큰 비중을 차지하고 있는 만큼 중국 문화와 중국인 학습자에 대한 배려가 교재에 반영되어야 할 것이다.[14]

다음으로는 선문대학교 한국어 교재를 살펴보겠다.

선문대학교 한국어 교재는 교재 구성 및 내용 면에서 학습자를 위해 문화 교육의 비중을 강화하였고 특히 언어 표현 면에서는 관용 표현, 속담, 고사성어, 옛날이야기 등 다양하고 실용적인 표현들을 첨가하였다.[15]

---

14) 장지정,「한국어 학습자를 위한 속담 교육 방안」(상명대학교석사논문, 2008)의 계명대학교교재에 대한 분석과 설명을 참조하였다.
15) 고영원,「한국어 학습자를 위한 속담 교육 연구 -교사와 학습자 의 속담 교육 인식을 중심으로-」연세대학교석사논문, 2007.

<표 5> 선문대학교 한국어 교재의 속담 목록(2001년 판, 총 6권)

단계	권	과	속담 명	개수	총수
초급	1권/2권		없음	0	
중급	1권	1과	1) 말 한 마디에 천 냥 빚을 갚는다 2) 입에 쓴 약이 몸에 좋다	40	74
		2과	3) 가는 말이 고와야 오는 말이 곱다 4) 원숭이도 나무에서 떨어질 때가 있다		
		3과	5) 콩 심은 데 콩 나고 팥 심은 데 팥 난다 6) 그림의 떡이다		
		4과	7) 지성이면 감천이다 8) 피는 물보다 진하다		
		5과	9) 티끌 모아 태산 10) 우물 안 개구리		
		6과	11) 시작이 반이다 12) 천 리 길도 한 걸음부터		
		7과	13) 하늘이 무너져도 솟아날 구멍이 있다 14) 한 귀로 듣고 한 귀로 흘린다		
		8과	15) 돌다리도 두드려 보고 건너라 16) 백지장도 맞들면 낫다		
		9과	17) 병 주고 약 준다 18) 한 번 엎지른 물은 다시 주워 담지 못한다		
		10과	19) 식은 죽 먹기 20) 호랑이도 제 말하면 온다		
	2권	1과	21) 시장이 반찬이다 22) 우물에 가서 숭늉을 찾는다		
		2과	23) 구관이 명관이다 24) 울며 겨자 먹기		
		3과	25) 길이 아니면 가지를 말고 말이 아니면 듣지를 마라 26) 하나만 알고 둘은 모른다		
		4과	27) 낮말은 새가 듣고 밤 말은 쥐가 듣는다 28) 사람 위에 사람 없고 사람 밑에 사람 없다		
		5과	29) 하나를 보면 열은 안다 30) 달면 삼키고 쓰면 뱉는다		

		과	속담		
		6과	31) 하늘의 별 따기 32) 아는 것이 병이다		
		7과	33) 업은 아이 삼 년 찾는다 34) 팔이 안으로 굽는다		
		8과	35) 핑계 없는 무덤 없다 36) 두 마리 토끼를 잡으려다 한 마리도 못 잡는다		
		9과	37) 도토리 키 재기 38) 먼 사촌보다 가까운 이웃이 낫다		
		10과	39) 남의 떡이 더 커 보인다 40) 호랑이에게 물려가도 정신만 차리면 된다		

선문대학교 한국어 교재(2001년 판, 총 6권)

단계	권	과	속담	개수	총수
고급	1권	1과	41) 공든 탑이 무너지랴 42) 빈 수레가 요란하다	34	74
		2과	43) 바늘 가는데 실 간다 44) 발 없는 말이 천리 간다		
		3과	45) 윗물이 맑아야 아랫물이 맑다 46) 구르는 돌에는 이끼가 끼지 않는다		
		4과	47) 가다 말면 안 가느니만 못하다 48) 세 살 적 버릇 여든까지 간다		
		5과	49) 열 손가락을 깨물어도 안 아픈 손가락이 없다 50) 염불에는 맘이 없고 잿밥에만 맘이 있다		
		6과	51) 효자 집에 효자 난다 52) 혹 떼러 갔다가 혹 붙이고 온다		
		7과	53) 쥐구멍에도 볕들 날이 있다 54) 부뚜막의 소금도 집어넣어야 짜다		
		8과	55) 단 말은 병이 되고 쓴 말은 약이 된다 56) 사람은 죽으면 이름을 남기고 범은 죽으면 가죽을 남긴다		
		9과	57) 될 성부른 나무는 떡잎부터 알아본다 58) 우물을 파도 한 우물을 파라		

	1과	59) 개구리 올챙이 적 생각 못한다 60) 해가 서쪽에서 뜨겠다	
	2과	61) 큰 고기는 깊은 물에 있다 62) 호랑이 굴에 들어가야 호랑이를 잡는다	
	3과	63) 호랑이 담배 피울 때 이야기 64) 뛰는 놈 위에 나는 놈 있다	
2권	4과	65) 소 잃고 외양간 고친다 66) 쇠뿔은 단김에 빼라	
	5과	67) 고래싸움에 새우 등터진다 68) 급히 먹은 밥이 목이 멘다	
	6과	69) 설마가 사람 잡는다	
	7과	70) 앞길이 구만리 같다 71) 옥에도 티가 있다	
	8과	72) 웃는 낯에 침 못 뱉는다 73) 젊어 고생은 사서도 한다	

〈표 5〉를 보면 선문대학교의 한국어 교재는 다른 교재보다 많은 속담을 제시하였고 속담도 체계적으로 실은 것을 알 수 있다. 이 교재는 한국문화 교육에 큰 비중을 두고 있다. 각 과마다 대화, 질문대답, 문법 연습, 대화연습, 한국어의 뿌리와 표현 등 다섯 부분으로 구성되어 있다. 이 교재에서는 초급 1, 2권 초급에는 속담이 제시되어 있지 않고 중급(1, 2권)부터 대체로 과마다 두 개씩 체계적이고 지속적으로 속담을 제시하고 있다. 제시하는 방법을 보면 먼저 속담의 뜻을 밝히면서 짧은 대화를 이용하여 실제 사용 상황을 통해 소개하고 있다.

[예시 5]

공든 탑이 무너지랴 ➡ 정성껏 한 일은 결코 헛되지 아니하다는 말

　가 : 저는 최선을 다해 공부했지만 입학시험에 떨어 질까봐 걱정이에요.
　나 : 공든 답이 무너지겠어요? 열심히 공부했으니 꼭 합격할 거예요.

빈 수레가 더 요란하다 ➡ 잘 알지도 못하는 사람이 아는 체하고 떠들어 댄다는 뜻

　가 : 저 정치인의 말을 들으면 섭외 실력이 대단한 것 같아요.
　나 : 빈 수레가 요란한 거예요. 저분은 항상 말 뿐이에요.
　　　　　　　　　　　　　「선문대학교 한국어 교재 고급 5권 p.10」

　이와 같이 제시하는 방법은 학생들이 앞뒤 문맥을 통하여 쉽게 이해하는 데 도움이 된다고 생각한다. 선문대학교 교재에서는 속담이 다른 교재보다 훨씬 큰 비중을 차지하고 있지만 체계적이라서 학습자에게 부담을 주지 않을 뿐만 아니라 더욱 좋은 학습효과를 얻을 수 있을 것이다. 특히 속담뿐만 아니라 옛날이야기, 고사성어 등 한자문화권 학생들이 잘 아는 표현들을 제시하여 흥미를 이끌어내는 학습효과를 기대할 수 있다. 그렇지만 실제 사용의 활용효과가 어떤지를 대응하는 연습을 함께 제시하고 확인하면서 진행했으면 더욱 바람직할 것이다. 학생들의 의식적 사용을 유도할 수 있어야 한다.

　다음으로는 서울대학교 한국어 교재를 살펴보겠다.

서울대학교 교재에서도 총6권으로 구성 되어 있고, 주제 및 상황, 기능 문법 및 표현활동, 어휘 등의 교수목표 제3~4권, 제5~6권 부록에서 속담 관용어를 제시하고 있다.

〈표 6〉 서울대학교 한국어 교재 (1997년 판, 총6권)[16]

단계	권	과	속담	개수	총수
초급	1, 2권		없음	0	
중급	3권	26과	1) 우물 안 개구리	5	
		28과	2) 그림의 떡 3) 수박 겉핥기 4) 누워서 떡 먹기		
	4권	14과	5) 등잔 밑이 어둡다		
고급	5권	4과	6) 말이 씨가 되다	12	16
		12과	7) 가뭄에 콩 나듯 하다		
		22과	8) 배보다 배꼽이 더 큰다 9) 오는 정이 있어야 가는 정이 있다		
		27과	10) 산 넘어 산이다 11) 한 귀로 듣고 한 귀로 흘리다 12) 모르는 게 약이다		
		31과	13) 낮말은 새가 듣고 밤 말은 쥐가 듣는다 14) 우울 안 개구리 15) 개구리 올챙이 적 생각 못한다 16) 하늘에 별 따기		
	6권	4과	17) 꿀 먹은 벙어리		

---

16) 서울대학교 한국어 교재는 시중에 4권까지만 발행되어 있다. 따라서 본고에서는 교재에 제시된 속담을 분석하기 위해 현재 학생용 교재 뒷부분에 부록으로 제시되고 있는 속담 항목도 같이 살펴보고자 한다.

서울대학교도 초급에서는 속담을 다루지 않고 중급부터 속담을 소개하고 있다. 〈표 6〉을 보면 총 16개밖에 안 되는 속담을 제시하여 교육기관 중 가장 적은 것으로 나타났다. 그러나 이 교재는 고급(5, 6권) 부록에서 학습자가 알아야 할 한문, 속담 및 관용어를 64개를 제시하였다. 부교재를 도입하여 매 수업 시작할 때마다 하나씩 배우고 본문에 들어가는 방식으로 수업을 진행하고 있다. 속담을 제시했는데 대응하는 설명이 전혀 없다는 점을 지적할 수 있다. 또한 다른 교재처럼 난이도 문제도 갖고 있다. 예를 들면 고급에서 제시했던 속담 '우물 안 개구리' 같은 속담은 단어 뜻만 알면 중국인 학습자들이 쉽게 이해할 수 있다. 중국어에서도 같은 의미를 지닌 속담이 있으며, 그 의미를 파악하기가 훨씬 쉬워서 초급에서 지도해도 충분히 가능하다.

다음으로는 경희대학교 한국어 교재를 살펴보겠다. 경희대학교 한국어 교재도 총 6권이고 속담의 등재 형식은 초급에는 없으며, 중급의 경우에도 제1과에서는 등장하지 않아 일정한 학습 수준이 지나야 한다는 점을 고려한 것으로 보인다.

〈표 7〉 경희대학교 한국어 교재 (2006년 초급 I II 중급 I II 고급 I II 총 6권)

단계	과	속담	개수	총수
초급 I II		없음	0	
중급 I	4과	1) 싼 게 비지떡 2) 같은 값이면 다홍치마	29	48
	6과	3) 거미가 줄을 치면 날씨가 좋다 4) 비 온 뒤에 땅이 굳어진다 5) 가랑비에 옷 젖는 줄 모른다		

	7과	6) 누워서 떡 먹기 7) 식은 죽 먹기 8) 땅 짚고 헤엄치기 9) 하늘의 별따기 10) 언 발에 오줌 누기		
	8과	11) 말 한 마디로 천 냥 빚 갚는다 12) 가는 말이 고와야 오는 말이 곱다 13) 낮말은 새가 듣고 밤 말은 쥐가 듣는다 14) 발 없는 말이 천 리 간다		
중급 II	2과	15) 금강산도 식후경 16) 보기 좋은 떡이 먹기에도 좋다 17) 떡 줄 사람은 생각도 않는데 김칫국부터 마신다 18) 떡 본 김에 제사 지낸다 19) 미운 아니 떡 하나 더 준다 20) 그림의 떡 21) 굿이나 보고 떡이나 먹자		
	6과	22) 개구리 올챙이 적 생각 못한다 23) 고래 싸움에 새우등 터진다 24) 서당 개 삼년이면 풍월을 읊는다 25) 고양이 목에 방울 달기 26) 닭 잡아먹고 오리발 내민다		
	8과	27) 찬물도 위아래가 있다 28) 내리사랑은 있어도 치사랑은 없다 29) 긴 병에 효자 없다		
고급 I	2과	30) 누이 좋고 매부 좋고 31) 꿩 먹고 알 먹고 32) 까마귀 날자 배 떨어진다 33) 더도 말고 덜도 말고 늘 한가위만 같아라 34) 고운 사람 미운 데 없고 미운 사람 고운 데 없다	19	
	3과	35) 평안감사도 제가 싫으면 그만		
	7과	36) 콩 심은 데 콩 나고 팥 심은 데 팥 난다		
고급 II	3과	37) 개처럼 벌어서 정승처럼 쓴다 38) 낫 놓고 기역자도 모른다		
	5과	39) 벼는 익을수록 고개를 숙인다 40) 돌다리도 두드려 보고 건너라 41) 핑계 없는 무덤 없다 42) 자라 보고 놀란 가슴 솥뚜껑 보고 놀란다 43) 세 살 버릇 여든까지 간다 44) 짚신도 짝이 있게 마련이다 45) 호랑이를 잡으려면 호랑이 굴에 들어가야 한다		

		46) 구슬이 서 말이라도 꿰어야 보배		
	8과	47) 말 한마디로 천 냥 빚 갚는다		
		48) 고기는 씹어야 맛이고, 말은 해야 맛이다		

    〈표 7〉은 2006년도 개정판 교재에서 수록된 속담이다. 개정판은 속담을 나열하기만 하는 방식에서 벗어나 문맥을 통하여 속담을 소개하였다. 예를들어 '예쁘게 장식된 음식이 더 맛있어 보인다'는 표현으로 '보기 좋은 떡이 먹기에도 좋다'와 같이 각 속담의 짧은 뜻을 간략하게 제시하며 소개하는 방법으로 제시하고 있다. 이런 식으로 총48개 속담이 수록되어 있다. 「경희대 한국어 교재」(초중고) 초급에서는 속담을 제시하지 않으며 중급(Ⅰ)부터 속담과 관용어를 같이 제시하였다. 이 교재는 '속담과 관용어'라는 특정 코너를 통해서 속담을 제시하고 소개하고 있다. 예를 들면 중급(Ⅱ) 2과에서 '속담 속의 떡', 6과에서 '동물과 관련된 속담', 8과에서 '효와 속담'이라는 제목으로 제시하고 있다. 이와 같이 다른 교재와 다르게 충분히 속담의 중요성을 인식하고 의도적으로 제시하는 것을 알수 있다. 속담뿐만 아니라 한국 문화적 특성도 충분히 고려하여 제시하였다는 점은 좋다고 본다. 그러나 난이도에서 문제가 있다고 본다.

    다음으로 연세대학교 한국어 교재를 살펴보겠다.

    연세대학교 한국어 교재는 읽기 교재 와 한국어 교재 두 가지로 되어 있다. 읽기교재(1-4)권에서 속담은 3권 28과와 4권 36과에서 제시하였다. 이 교재의 특징은 단순히 언어 지식을 전달하는 것이 아니라 한국 문화를 소개하는 데 학습목표를 설정하고 있다는 것이다. 교재 구성은 '대화', '어휘', '문법', '문형 연습', '문화 해설', '이야기해 봅시다' 등의 여섯 부분으로 구성되어 있다.[17]

<표 8> 연세대학교 한국어 교재

단계	과	속담	개수	총수
초급	1, 2권	없음		
중급 (3권)	21과	1) 백 번 듣는 것이 한 번 보는 것만 못하다		
	25과	2) 금강산도 식후경		
	26과	3) 윗물이 맑아야 아랫물이 맑다		
	29과	4) 하늘의 별따기		
	30과	5) 원숭이도 나무에서 떨어진다		
중급 (4권)	31과	6) 윗물 맑으면 아랫물이 맑다 7) 꼬리가 길면 잡히기 마련이다 8) 남의 떡 커 보인다	19	63
	34과	9) 누워서 떡 먹기 10) 등잔 밑이 어둡다 11) 소 잃은 후에 외양간 고친다 윗물이 맑아야 아랫물이 맑다(31과)(35과)		
	36과	12) 아 다르고 어 다르다 13) 천 리 길도 한 걸음부터 14) 첫술에 배부르랴 15) 하룻강아지 범 무서운 줄 모른다 16) 형만 한 아우 없다		
	37과	17) 백지장도 맞들면 낫다 18) 십년이면 강산도 변한다		
	38과	19) 짝 잃은 기러기가 슬퍼 울며 날아간다		
고급 (5권)	42과	20) 누워서 떡 먹기 21) 윗물 맑아야 아랫물이 맑다 22) 젊어서 고생은 사서도 한다		
	43과	23) 우울 안 개구리 24) 콩으로 메주를 쑨다 25) 배보다 배꼽이 크다 26) 금강산도 식후경 27) 티끌 모아 태산		
	45과	28) 미운 정 고운 정 들다 29) 바늘 가는 데 실 간다		

---

17) 고영원(2007:33)의 설명 부분 참고

		30) 하늘은 스스로 돕는 자를 돕는다		
	46과	31) 십년이면 강산도 변한다 32) 아 다르고 어 다르다		
	47과	33) 무재주가 상팔자		
	48과	34) 해가 서쪽에서 뜨겠다		
	49과	35) 꿀 먹은 벙어리 십 년이면 강산도 변한다(동46과)		
	50과	36) 형만 한 아우 없다 37) 흥정은 붙이고 싸움은 말려라		
고급 (6권)	51과	38) 열 길 물속은 알아도 한 길 사람 속은 모른다 39) 엎질러진 물 40) 둘이 먹다가 하나 죽어도 모를 정도 41) 부부 싸움은 칼로 물베기		
	52과	42) 감나무 밑에서 감이 떨어지기만을 기다린다 43) 꿈보다 해몽이 좋다 44) 혼인치레 말고 팔자치레 하랬다 45) 흥정은 붙이고 싸움은 말리랬다		
	53과	46) 바늘허리에 실감아 쓰다		
	54과	47) 고생 끝에 낙이 온다 48) 선무당이 사람 잡는다 49) 숭어가 뛰니까 망둥이도 뛴다 50) 아 다르고 어 다르다 51) 여자 셋이 모으면 부뚜막에 그릇이 깨진다 52) 열 사람이 지켜도 도둑 하나를 못 막는다 53) 우물 안 개구리 54) 쥐도 막다른 곳에 몰리면 고양이를 문다 55) 철나자 망령 든다		
	55과	56) 고슴도치도 자기 새끼가 예쁘다 57) 쇠귀에 경 읽기 58) 젊어서 고생은 사서도 한다		
	56과	59) 술과 친구는 오래 될수록 좋다		
	57과	60) 부자는 망해도 삼년 간다 61) 원수는 외나무다리에서 만난다 62) 친구 따라 강남 간다		
	60과	63) 한 솥밥 먹고 산다		

〈표 8〉을 보면 연세대학교 교재는 다른 교재처럼 속담을 초급에서는 다루지 않고 중급부터 소개하고 있다. 이 교재는 중국 내에서 가장 많이 사용하고 있는 4가지 교재 중 하나이다. 앞에서는 중국 내에서 출판된 교재를 선정하였기 때문에 연세대학교 교재를 언급하지 않았다. 이 교재는 한국어교육에서 가장 긴 역사를 지니는 만큼이나 한국역사와 문화에 대한 내용도 많은 비중을 차지하고 있었다. 이 교재는 읽기 교재와 한국어 교재 두 가지로 구분되어 있는데 속담은 읽기 교재에서 1~3권까지는 없고 4권에서만 제시되어 있다. '대화 ➜ 어휘 ➜ 문법 ➜ 문형연습 ➜ 문화해설 ➜ 이야기해 봅시다' 등 6부분으로 구성되어 있다. 4권부터 본격적으로 제시되는데 36과에서 속담을 중심으로 소개하고 있다. 앞에 배운 속담을 뒤의 예문에서 수시로 반복할 수 있도록 소개하고 있으며, 속담의 의의를 각각 다 설명함으로써 학습자가 스스로 학습할 수 있도록 돕고 있다. 하지만 이 교재는 각 과에서 다루는 속담의 양을 고려하지 않았고, 난이도에도 문제가 있다는 점을 지적할 수 있다. 그리고 속담의 원형을 제시하고 있어 교재의 담화문은 실제적이지 못하며 학습효과를 확인할 수 있는 연습문제도 부족해서 학습자들이 어느 정도 이해했는지를 확인하기에는 어렵다는 문제점을 지니고 있다.

3. 한국과 중국 내 교재에 나타난 속담 교육의 문제점

앞장에서는 중국에서 가장 많이 사용하고 있는 교재와 한국의 주요 교육기관에서 사용하고 있는 한국어 교재에 나타난 속담을 분석해 보았다. 각 교재가 추구하는 목적이 다르기 때문에 교재 구성이나 속담의 양, 속담 제시단계, 실려 있는 속담, 속담과 관련된 문제 활동에서 큰 차이를 보이고 있다. 속담의 개념, 제시방법, 속담의 선정기준 등이 일치되지 않고 체계적이지 않았다. 위에 한국 내 교육기관에서 사용하고 있는 한국어 교재 분석을 바탕으로 현재까지 한국어 교육에 있어서 속담 교육에서 나타나는 특징과 문제점을 정리하면 다음과 같다.

첫째, 초급단계에서 속담 교육이 이루어지지 않았다. 위에 다섯 교육기관의 교재를 보더라도 초급에서는 전혀 다루어지고 있지 않았고 중급부터 속담을 소개하기 시작했다.

둘째, 각 교육기관의 교재를 보면 교재마다 등장하는 속담의 수와 내용, 기준이 일정하지 않다. 아래 〈표 9〉를 보면 같은 단계에서도 다루는 속담의 수에 차이가 많이 나는 것을 알 수 있다. 계명대학교 교재를 제외하고 중급에서 속담을 가장 많이 다루는 선문대학교와 가장 적게 다루고 있는 서울대학교 교재와는 35개의 차이가 있다. 고급 단계에서 가장 많이 다루는 연세대학교와 서울대학교에서는 32개의 차이가 나타났다. 그 수의 차이가 심할 뿐더러 같은 속담이라 하더라도 어떤 교재는 중급에서 제시되기도 하고, 어떤 교재에서는 고급에서 제시하기도 하는 등 일치하지 않는 양상을 보이고 있다. 예를 들어 '그림의 떡'이라는 속담은 선문대학교, 경희대, 서울대의 중급 교재에서 다루었지만 연세대학교 교재에서는 다루지 않았다. '가는 말이 고와야 오는 말이 곱다'라는 속담은 선문대학교와 경희대 중급에서 제시하였으며 서울대학교와 연세대학교에서는 다루지 않았다. '싼 게 비지떡'은 경희대 교재 중급1에서 제시하였고 연세대학교, 선문대학교, 서울대학교 3교재 모두에서 나타나지 않았는데 이와 같은 사례가 많다. '개구리 올챙이

적 생각 못 한다'는 속담은 경희대 교재 중급에서 제시하였고 반면에
선문대학교와 서울대학교는 고급에서 제시하였다. 이에 속담 교육에
있어서 교육용 속담의 선정과 속담 수에 대해서 일정한 기준을 마련해
야 된다.

〈표 9〉 각 교육기관의 속담 수 다루는 현황

단계	계명대학교	선문대학교	경희대학교	서울대학교	연세대학교
초급		0	0	0	0
중급	60개	40개	29개	5개	19개
고급		34개	19개	12개	44개

　셋째, 속담을 제시하고 응용, 활용하는 방법이 단조롭다. 〈표 9〉를
보면 각 기관들의 한국어 교재들이 속담의 제시방법, 응용방법 한 단계
더 나가서 활용하는 방법까지 뜻풀이와 대화 상황을 통한 제시만으로
되어 있어 매우 단조로운 것을 쉽게 알 수 있다. 각 교재들은 속담 교육
에 이해할 목표를 세우고 진행되고 있다는 것은 알 수 는데 학습자한테
그 언어를 배우고 모국어 화자처럼 정확하고, 유창하고, 원활하게 사용
하고 싶은 욕구가 있기 때문에 학습자들은 자신이 배워서 알고 있는
속담들이 어떤 상황에서 어떻게 자연스럽게 사용하는지에 대한 교육부
분도 같이 노력해야 할 필요가 있다고 본다. 학습자들이 충분히 이해하
고 나서 대응하는 연습이 없기 때문에 학습자들이 속담을 효율적으로
사용하기 어렵다고 할 수 있다. 더구나 속담에는 미묘한 차이가 있어서
외국인 학습자가 의미를 쉽게 파악하기 쉽지 않다는 문제가 있다. 그렇
기 때문에 이런 방법들만 사용해서 학습자들이 해당 속담을 충분히 이
해하고 효율적으로 사용할 수 있을지 예측하기 어렵다. 물론 계명대학

교 한국어 교재에서 만화 등 여러 방법을 사용하였고 활용문형과 연습 문제들을 함께 제시하였지만 전체 한국어 교육기관에서 출판된 교재들을 보면 아직도 많은 문제들이 있다.

넷째, 각 교육기관의 교재에서 제시하고 있는 속담의 수준이 무엇에 기준을 두었는지 명확하지 않고 선정된 속담은 한국 문화와 생활에 대한 이해를 수행하는 데 충분히 활용되지 못하고 있다. 앞에서도 언급한 바와 같이, 각 기관의 교재들은 목적이 다르기 때문에 각 교재에서 속담이 차지하는 비중과 제시된 속담도 천차만별이다. 각 교재 속담의 선정 기준이 모호하고 뚜렷해 보이지 않고 주관적이고 임의적일 뿐만 아니라 같은 교재라도 초, 중, 고급 단계 간에 연계성을 이루고 있지 않았다. 그리고 제시된 속담은 한국 문화와 생활에 대한 이해를 수행하는 데 충분히 활용되지 못하고 있다. 의사소통과 문화 차이에 대한 고려가 중요한 한국어 수업에서 속담은 실제로 널리 사용되는 것으로 선정하는 게 중요하다. 전통적이고 고전적인 문화도 중요하지만 그 나라 사람들이 현재 많이 사용하고, 널리 알려져 있는 속담이어야 살아 있는 한국 생활의 생동감을 줄 수 있으며, 학습자의 학습 흥미를 이끌어 큰 효과를 기대할 수 있다. 다시 말해 실제적인 속담 지식을 위한 연구가 필요하며, 그러한 연구를 통해 현재 어떤 속담들이 널리 알려져 있는지 실제로 어떻게 쓰이고 있는지를 교재에 제시하여 생동감 있는 한국문화와 생활을 반영해야 한다.

중국 내 학습자를 위한 교육용 속담의 선정 및 분류

1. 한국어 교육용 속담 선정기준

본장에서는 한국어 교육에 속담을 교육해야 하는 필요성 및 그 기준을 제시하고자 한다. 교육용 속담을 선정하는 방법은 교육용 어휘를 선정하는 방법과 원칙적으로 일치한다. 교육용 어휘를 선정하는 방법은 주관적 방법, 객관적 방법, 경험적 방법이 있는데 이 방법들은 각각 특성이 다르다. 어휘교육에서 교육용 기본 어휘를 선정하는 것은 그것을 바탕으로 교육체계를 만들 수 있기 때문에 매우 중요하다. 특히 외국인을 위한 경우에는 기본어휘의 선정이 무엇보다도 중요하다. 왜냐하면 기본어휘에 따라 단계를 선정하고 교재를 구성할 수 있고, 학습의 범위를 한정시킬 수 있기 때문이다.[18] 이종철(1998)에서는 사용빈도가 높은 속담, 사용범위가 넓은 속담, 기본 의미가 본래대로 잘 유지되는 속담, 학습자의 발단 단계에 맞는 속담을 선정기준으로 들었으며,[19] 안경화(2001)에서는 이와 더불어 한국문화를 적절하게 드러내는 속담, 즉 내용에 대한 타당도, 사회적 공감도 및 실생활 활용도가 높은 속담 중에서 속담의 소재 및 주제에서 언중의 사고방식이나 행동양식을 잘 드러내는 것들을 체계적으로 속담 항목으로 선정해야 한다고 하였다. 또한 문금현(1998)에서는 관용표현의 목록을 선정하는 데 있어서 객관적인 기준으로 삼을 수 있는 사항들을 다각적인 차원에서 고려하는 작업이 선행되어야 한다고 하면서 형식적인 유형, 한국인의 사용빈도, 의미의 투명성 여부에 따른 난이도, 외국인의 인지도, 구어와 문어의 조화 등을 목록 선정의 기준으로 제시하였다. 이들 기준은 모두 국어 교육용 속담 선정 방법이지만 외국어로서 한국어 교육 분야에서도 적용할 수

---

18) 조현용, 「어휘 중심 한국어 교육방법 연구」, 경희대박사논문, 2000, p.49.

19) 주관적 방법은 선정하는 사람이 그의 주관 판단에 따라 선택하는 것이다. 이 방법은 선정자에 따라 어휘 선정에 차이가 많을 수 있는데 조사 결과의 표본을 모집단에 응용하여 합리적으로 추정하여 재검토하는 작업을 하면 이러한 차이를 보완할 수 있다. 객관적 방법은 해당 자료를 선정하여 이 자료에서 목적하는 어휘를 추출하기에 적합하다고 생각되는 부분을 추출하여 어휘의 빈도와 분포를 통계적으로 처리하여 어휘의 순위를 결정하는 방법이다. 이 방법은 중요한 어휘는 사용 빈도가 높고 사용 범위가 넓다는 전제 아래 어휘를 선정한다. 그러나 중요하지 않은 어휘가 고빈도 광범위 어휘에 속하면 선정에 제외하는 단점이 된다. 경험적 방법은 선정자의 주관이 개입되기 때문에 주관적 방법이라 할 수 있겠으나 객관적으로 선정된 어휘를 선정자의 경험에 비추어서 주관적으로 결정하는 것이기 때문에 절충적 방법이라 할 수 있다. 이 방법은 주관적 방법이 선정자의 주관에 의해 중요 어휘를 빠뜨리고 중요하지 않은 어휘를 선정하는 단점을 보완할 수 있고 객관적 방법이 빈도 분포에만 의존해 중요 어휘를 빠뜨리고 중요하지 않은 어휘를 선정하는 단점을 보완할 수 있어 널리 쓰이는 어휘 선정법이다.

있는 부분이 분명히 있을 것이다. 따라서 이러한 선정 방법들을 참고로 하여 중국인 한국어 학습자를 위한 교육용 속담 선정 기준을 다음과 같이 제시하고자 한다.

(1) 사용빈도가 높은 속담

교육용 속담을 선정하기 위해서는 의사소통에서 자주 다뤄질 수 있는 실제적 표현들을 중심으로 사용 빈도가 높은 것을 선정해야 한다. 따라서 방송, 드라마, 연극 대본, 영화대본, 소설 등을 이용하여 속담을 분류하였다. 하지만, 이러한 자료를 통해 추출한 속담의 수는 매우 많기 때문에 교육용 속담의 수를 한정해서 설정해야 한다. 즉, 학습 단계가 높아질수록 속담 교육이 차지하는 비중이 커지도록 해야 한다.

현재 한국 내 대부분의 교육기관에서는 한국어 교육 과정을 초급부터 고급까지 6학기에 걸쳐 실시하고 있다. 반면에 중국 내 4년제 대학교에서는 4년 동안 8학기에 걸쳐 한국어 교육을 실시하고 있다. 중국 내 학습자들은 수업 외에 한국어를 접할 기회도 연습할 시간도 많이 부족한 편이므로 모든 속담을 다 가르칠 수 없다. 한정된 시간에 한정된 속담만을 교육해야 한다면 사용빈도가 높은 속담이 우선적으로 선정되어야 할 것이다. 그 중 가장 실용적이고 많은 한국 사람들이 관용적으로 사용하는 기본적인 것만을 선정해야 하며[20] 중국 내 학습자의

---

20) 이종철(1998:84)에서는 속담 형태는 등재형, 활용형, 변형형으로 나누었으며, 교육용 속담 선정 기준 중의 하나가 기본 의미가 본래대로 잘 유지되는 속담을 선정하여야 한다고 하였다. 예를들면 중국사서「战国策」에 '见兔而顾犬,未为晚也,亡养而补牢,未为迟也'에서 온 '소 잃고 외양간 고친다'라는 속담이 있다. 그로부터 사람들이 자기의 실제 상황에서 이런 속담의 의미와 잘 맞는 경우가 있을 때 '도둑놈보고 사립 고친다'

수업배정 시간에 따라서 체계적인 교육을 실시해야 한다.

[예시 6] 낮말은 새가 듣고 밤 말은 쥐가 듣는다

이와 같은 속담은 말 한마디를 조심히 하라는 경각심을 깨우기 위해서 예부터 일상생활에서 **빈번히 사용되어 왔다.** 중국이든 한국이든 말은 사람이 살아가는데 있어서 가장 중요한 의사 표현 수단으로써 말로써 사람은 인간관계를 형성하기 때문에 말 한마디로 인하여 사람과 가까워질 수도 있고 멀어질 수도 있다. 따라서 이와 같은 속담은 실제 의사소통에서 유용하게 사용될 수 있을 것이다.

[예시 7] 작은 고추가 맵다

이 속담은 사람은 겉만 보고 판단하지 말고 그 사람의 능력이나 내적인 면을 보라는 조상의 지혜가 담겨 있다. 이러한 속담은 교재에 반복 등장하지 않지만 일상생활에서 빈도가 높은 속담이다. 한국 사람이 그만큼 자연 친화적이고 자연과 더불어 살아 왔다는 것을 말해준다. 이와 같이 빈도가 높은 속담도 고려해야 한다.

(2) 중국 사람들이 자주 사용하는 표현과 대응될 수 있는 속담

학습자의 언어 발달 단계를 조사할 때에 속담의 사용 부분에 대한 발달 단계도 조사되어야 한다. 모든 교육은 학습자의 발달 단계에 맞게 계획되고 시행되어야 하므로, 당연히 학습자의 발달단계에 맞는 속담

'소 잃고 외양간 고친다.', '도둑놈 보고 새끼 꼰다.' 등 비슷한 표현을 쓴다. 그러나 이런 변형형은 교육용 속담으로 선정할 필요가 없다고 본다.

이 당연히 선정되어야 한다.[21] 즉 학습자의 수준이나 학습단계 학습상황에 맞는 속담을 교육용 속담으로 선정해야 한다. 학습자는 각각 모어의 영향을 받아서 언어습관 등 여러 다른 점을 갖고 있기 때문에 아무리 한국사회에서 널리 쓰이고 자주 쓰이는 속담이라고 해도 학습자의 수준에 맞지 않는다면 학습효과를 기대할 수 없다. 학습자의 수준보다쉬운 속담을 교육할 때에는 학습자가 금방 싫증을 느끼거나 흥미를 잃게 되며, 반대로 너무 높은 수준의 속담을 교육한다면 학습자가 배우고자 하는 의욕마저 상실하게 하는 역효과가 나타날 것이다. 따라서 학습자 모어의 영향도 충분히 고려해야 된다. 중국인 학습자가 모어를 사용할 때에는 성어(成语), 헐후어(歇后语), 속어(俗语), 연어(谚语) 등 속담을 많이 사용한다. 그리하여 한국어를 공부하고 사용할 때에도 자연스럽게 속담이나 관용표현으로 구사하기를 원한다. 그래서 외국어를 접할 때 모국어와 대응, 비교하면서 사고하고 구사하는 경우가 많다. 즉중국인 학습자의 경우 한국어로 표현하는 과정에서 생각하는 것은 중국어 표현에 대응되는 한국어 속담이나 관용구가 있는가 하는 것이다. 이를 위하여 교육용 속담을 선정할 때 중국인학습자들이 속담을 사용하는 상황과 표현을 고려해야 한다.

예를 들어서 다음의 속담 표현을 살펴보자.

[예시 8] 우물 안 개구리

'우물 안 개구리'는 세상을 넓게 바라보지 못하고 틀에 박힌 것만 고집하는 사람을 지칭한다. 이와 같은 속담은 중국인들이 많이 사용하고 이해하는 데 있어서는 아무런 지장도 없으며 어휘만 알면 충분히 습득

---

21) 이종철(1998:76) 참조.

할 수 있는 속담이 라는 점을 고려해야 한다. 중국어 속담 대응할 수 있으며 문법 또한 간단하기 때문에 중국인학습자들이 쉽게 배울 수 있고 그 의미도 이해하기 쉽다.

[예시 9] 천리 길도 한 걸음부터

이 속담은 시작이 그만큼 중요하다는 뜻으로, 어떤 일의 성공은 모두 작은 것이 모여서 이루어짐을 비유하는 것이다. 이와 같은 속담은 중국 속담과 같은 표현으로 되어 있고, 위에 제시하는 속담과 같이 어휘만 가르치면 중국인 학습자들이 적절한 상황에서 정확하게 사용할 수 있을 것이다.

(3) 사용상황을 쉽게 접할 수 있는 속담

한국의 속담은 한민족의 실생활을 그대로 기록하고 있다. 한민족의 사상과 감정 등이 응집된 구전문학의 언어형식이다. 한국 속담 문화의 특성에 대한 교육을 통해 한국에 대한 이해를 돕고 한국어 학습도 촉진 시키는 일석이조의 효과를 거둘 수 있기 때문에 속담 교육을 경시할 수 없다. 우리가 속담을 배우는 목적은 그것을 올바르게 사용하기 위해 서이다.[22] 일상 대화에서 속담을 적절하게 활용함으로써 의사소통에서 의미를 좀 더 효과적으로 전달할 수 있기를 바란다. 중국인 학습자는 적절한 상황에서 자신의 관점, 태도, 감정 등을 속담을 통해서 더욱 적절하게 표현하고 싶은 욕구가 있다. 현재 중국 내 한국어 학습자의 대

---

22) 徐宗才, 『汉语知识丛书-俗语』, 商务印书馆, 2001, p.97.

부분이 20대이므로 20대들의 생활, 생각, 감정, 취미, 관심화제 등 여러 면을 종합하여 고려해 볼 필요가 있다. 그들이 쉽게 접할 수 있는 상황에서 쉽게 사용할 수 있는 속담을 선정해야 한다.

[예시 10] 호랑이도 제 말하면 온다.

이 속담은 입에 오르고 있는 상황에서 때마침 그 장소에 나타난 경우에 사용하는 말이다. 이와 같은 속담은 실제 상황에서 자주 접할 수 있다. 예를 들면 수업 시작 후 아직 오지 않은 학생의 소식을 묻다가 그 학생이 오면 '호랑이도 제 말하면 온다.'는 표현을 자연스럽게 소개할 수 있다.

[예시 11] 싼 게 비지떡이다

이 속담은 값싼 만큼 품질도 나쁘게 마련이라는 뜻으로 쓰는 것이다. 실생활에서 자주 접할 수 있는 속담이다. 예를 들어 학생들이 시장에 가기 전이나 후에는 '싼 게 비지떡이다'라는 표현을 가르쳐 주고 사용하게 할 수 도 있다. 이와 같은 속담은 학습자가 일상생활에서 자주 접할 수 있으므로 이런 상황에서 자연스럽게 교육을 도입하면 학습자의 흥미를 유발하는 효과가 있다.

(4) 학습자 단계를 고려하여 의미의 정도성이 변하지 않는 속담

이 기준도 사용 범위와 마찬가지로 사용 빈도가 일치하거나 거의 비슷한 속담의 경우에 적용되는 것이다. 원래의 속담이 기본 의미와 상당히 다르게 형태가 변형되어 쓰이는 속담은 시대에 맞지 않는 속담일 경우가 많다. 속담의 기본 의미가 시대에 맞는 것이 현대 언어생활에서 더 자주 쓰일 것이고 학습자들에게 시대에 맞는 교훈을 가르치는 것이 더 교육적이므로 기본 의미가 본래대로 잘 유지되는 속담이 그렇지 않은 속담보다 교육용 속담으로 더 적합하다. 속담은 관습적으로 고정되어 쓰는 일종의 관용표현이기 때문에 처음으로 접하는 중국 내 학습자는 그 뜻을 이해하기 힘들어 직역된 의미로 이해하려 할 것이며, 이는 의사소통을 원활하게 하지 못하는 원인이 될 수도 있다. 그러므로 학습자의 단계에 맞는 속담을 선별하여 제시하는 보다 적극적인 속담 교육이 필요하다. 따라서 선정할 때, 직설적 의미 함축적 의미를 비교적 쉽게 예측할 수 있는 것부터 단계별로 목록을 선정하여 제시하는 것이 바람직할 것이다.

[예시 12] 시작이 반이다

이 속담은 무슨 일이든지 시작하기가 어렵지 일단 시작하면 일을 끝마치기는 그리 어렵지 아니함을 비유적으로 이르는 말이다. 이 속담은 한국생활에 적응하는 상황에서 필요한 간단한 어휘로 구성되어 있다. 이와 같은 속담은 문장이 간결하면서도 의미가 명확해야 한다. 이런 경우 학습자들은 그 내용을 충분히 습득할 수 있다.

[예시 13] 금강산도 식후경

이 속담은 아무리 재미있는 일이라도 배가 불러야 흥이 나지 배가 고파서는 아무 일도 할 수 없음을 비유적으로 이르는 말이다. 또한 '금강산도 식후경'이라는 표현도 배가 고파서 아무 일도 하고 싶지 않을 경우 먼저 먹고 나서 다른 일을 하자고 건의할 때 쉽게 쓸 수 있다. 식생활은 인간의 생명을 유지하면서 성장·발육·활동력을 증진시켜 주는 절대적으로 필요한 공급원이다. 이와 같은 기본 의미가 본래대로 잘 유지되면서 학습자가 쉽게 접할 수 있는 속담교육을 우선 고려해야 한다.

(5) 한국문화의 배경 지식을 적절하게 드러내는 속담

한 나라의 속담은 그 나라에 속한 사람들의 삶과 깊은 관계를 맺고 있기 때문에 그 민족의 삶의 생산물이요, 표현으로써 간주된다. 따라서 한국 속담은 한국인의 일상생활 속에 융해되어 있고 민중의 상식이 되어 있어서, 중국인 학습자는 속담을 통해 그 속에 담겨 있는 한국인의 사상, 인생관, 일상생활, 행동방식이나 생활태도, 도덕관, 신앙, 더 나아가 관습과 문화까지도 이해할 수 있다고 할 수 있겠다. 구체적으로 보면 한민족은 유교의 영향을 많이 받아서 예의범절을 강조하고 개인적인 완전성보다 공동체 안에서 서로 화합하고 인간적 유대를 중시하는 가치관이 지배적이었다. 또한 한국의 속담 중에는 겉치레만 중요시하고 체면과 위신을 지나치게 강조하는 부정적인 면도 있다. 그러나 이러한 부정적인 면보다는 적극적인 사상이나 행동양식을 배울 수 있는 속담을 먼저 제시하는 것이 바람직할 것이다. 또한 설화 등의 이야기로부터 전해지는 속담도 한국 전통문화를 잘 반영하고 있다. 그리고 현대문화를 잘 반영하고 있는 한류 드라마를 이용하면 더욱 큰 효과를 기대할 수 있을 것이다. 예를 들어서 다음의 속담 표현을 살펴보자.

[예시 14] 떡 줄 사람은 생각도 않는데 김칫국부터 마신다.
이 속담은 해 줄 사람은 생각지도 않는데 미리부터 다 된 일로 알고

행동한다는 말이다. 이와 같은 속담은 중국에서는 찾아 볼 수 없기 때문에 학습할 때 한국의 문화에 대한 설명 필요하다. 중국학습자 위의 제시한 속담을 통해 한국 고유 전통을 알게 되고 한국 문화에 대한 깊은 인상을 가질 수 있게 된다. 반면, '낫 놓고 기역자도 모른다.' 와 같은 속담은 한국 민중의 가치관을 잘 반영하고 있다는 사회적인 의미도 갖는다.

[예시 15] 낫 놓고 기역자도 모른다.

이 속담은 기역 자 모양으로 생긴 낫을 보면서도 기역 자를 모른다는 뜻으로, 아주 무식함을 비유적으로 이르는 말이다. 이와 같은 속담은 한국의 무식한 하층민들의 생활상을 서술하는 내용을 위주로 이루어지고 있어, 한국 민중의 삶의 가치관을 잘 반영하고 있다. 학습자는 위에 제시한 속담을 통해 한국 민중을 더 잘 이해하게 되고 한국 사회에 대한 깊은 이해를 가질 수 있게 된다. 이와 같은 속담 교육을 통해 중국인 학습자에게 낯선 한국인의 민속, 생활모습을 보여주고 문화를 이해시키는데 효과적이다.

다음 장에서는 위의 기준들을 고려하여 중국 내 학습자들을 위한 교육용 속담을 선정하자고 한다.

2. 교육용 속담의 선정

앞장의 교재 분석을 통해서 기존의 교재들은 속담에 대하여 제대로 인식을 하지 못했고, 제시된 목록들의 선정기준이나 학습단계의 구분 제시방법 등을 체계적으로 갖추지 못하고 있다는 문제점을 알 수 있었다. 이러한 문제점의 해결을 위해서는 속담 교육의 중요성을 새롭게 인식하고 객관적인 기준에 의해서 선정된 목록들을 교재에 반영하되 학습단계에 맞추어 제시할 필요가 있다. 따라서 이번 절에서는 앞장에서의 기준을 토대로 교육용 속담을 선정하겠다. 각 교육기관의 한국어 교재를 분석하였는데 한국인들의 기준 중에서 가장 중요하고 우선시되는 것은 사용 빈도수였다. 개개의 속담을 분석할 수 없으므로 기준의 빈도수를 기초로 제작된 두 권을(국제교육진흥원에서 발간한 책은 「속담100 관용어100」과 계명대학교 발간한 한국어 교재 「살아 있는 한국어(속담 편)」이다.) 토대로 기준으로 삼고자 한다.

이 두 자료를 선정한 이유는 우선 「속담100 관용어 100」은 현대한국어에서 사용하는 빈도와 범위가 넓은 표현들과 한국어 학습자가 실제 언어생활에서 자주 접할 수 있는 표현들, 그리고 학습자의 연령(성인) 및 목적에 적합한 속담 100개가 활용 예문과 함께 제시되어 있기 때문이다. 또한 「한국어 교수법 개발 최종 보고서」에서는 외국인 학습자가 반드시 배워야 할 학습용 속담 57개를 초급과 중급, 고급으로 나누어 제시한 바 있다.[23] 계명대학교에서 출판된 「살아있는 한국어」[24]를 기초로 선정한 이유는 이 교재가 속담학습을 통해 한국의 문화를 간접적으로 경험하고 한국의 실생활을 알 수 있도록 구성되었고 가정, 직장, 학교에서의 한국인의 일상생활과 여가생활에 나타난 삶의 방식뿐만 아

---

23) 김선정·강현자, 「한국어 관용어 교재 개발을 위한 기초 연구 및 단원 제시」, 이중언어학회, 2006.
24) 김선정·김성수·이소현·정재영(2007), 속담편.

니라 그에 따른 한국인의 특유한 정서 등을 교재에 반영하여 한국어와 한국문화를 보다 올바르게 배울 수 있도록 하였을 뿐 아니라 사용빈도를 바탕으로 말하기 중심으로 구성하였기 때문이다.[25] 물론 교재이외의 수업 자료로 속담의 교육을 하고 있는 경우도 생각해 볼 수 있겠지만 본고에서는 객관적인 자료를 통해서 알아보려고 한다. 따라서 본고에서 선택한 분석대상 교재는 원칙적으로 다 출판된 것을 대상으로 넣었다. 앞에서 2장에서의 분석 결과를 따르면 각 기관의 교재마다 속담이 골고루 나타나고 있는데 그 목록이 매우 다양하며 그 기준이 모두 다르게 나타난 것을 볼 수 있다.

계명대학교에서 출판된 「살아 있는 한국어(속담 편)」에 실린 속담에서는 다양한 상황과 맥락을 통해 속담을 익힐 수 있도록 하였으며, 이해에서 활용까지 효과적인 학습이 이루어질 수 있도록 속담을 제시하고 있다. 예를들어 속담을 이용한 흥미로운 이야기로 본문을 구성하였으며, 각 과마다 '함께해요'라는 코너를 만들어 해당 속담과 관련 있는 가벼운 읽을거리나 게임, 옛날이야기, 토론 주제 등을 제시하여 학습효과와 흥미를 동시에 제고하였다. 이 책은 실린 속담 목록은 〈표 4〉와 같다.

---

25) 김선정, 김성수(2006)의 1차 선정, 2차 선정, 3차 선정의 단계를 자세히 설명하면 다음과 같다. 1차 선정-선행연구 결과: 사용 빈도가 높은 속담, 사용 범위가 넓은 속담, 기본 의미가 본래대로 잘 유지되는 속담, 학습자의 수준에 맞는 속담, 한국 문화를 적절하게 드러내는 속담인지를 판단하여 1차적으로 80개를 선정했다. 2차 선정-빈도수 한국인 대학생 90명을 대상으로 1차로 선정된 80개를 다시 설문 조사하여 사용빈도순으로 순위를 배겼다. 3차 선정-난이도: 2차 선정된 속담을 외국인 학습자 30명을 대상으로 설문조사 후 난이도(초, 중, 고)를 나누었다. 한국어 속담 목록을 선정하는 기분에서 의미의 투명성의 정도에 따라 즉 직설적 의미로 함축적 의미를 예측할 수 있는가에 따라 반투명한 유형(초급), 반불투명한 유형(중급),불투명한 유형(고급)으로 나누어 제시하였다.

「속담100 관용어 100」으로 이 책은 한국어를 배우는 외국인학습자를 위한 책으로 외국인들이 속담과 관용어를 익히고 이를 실제로 활용함으로써 한국어 사용 능력을 향상시키고 나아가 한국 문화를 이해하도록 하는 데 목표가 있다고 책의 일러두기에서 밝히고 있으며 이러한 목표를 위해 실제 활용도가 높은 속담을 선정하였다고 설명한다.26) 이 책에서는 앞서 살펴본 한국어 교재들과 달리 속담과 관용어 목록을 선정하기까지의 과정을 밝히고 있는데 그것은 다음과 같다. 우선 국어사전, 속담사전, 관용어 사전 등에 공통적으로 실려 있는 속담 및 관용어를 선별한 후 그것을 대상으로 경험적인 방법을 사용하여 몇 가지 기준을 동시에 만족시키는 속담100개, 관용어100개를 선정하였다고 한다. 위에서 언급한 몇 가지 기준은 '현대한국어에서 사용하는 빈도와 범위가 넓은 표현인지' 한국어 학습자가 실제 언어생활에서 자주 접할 수 있는 표현인지, '학습자의 연령 및 목적에 적합한 표현인지'의 세 가지로 제시되었다.27) 이 책에 실린 속담 목록은 다음과 같다.

〈표 10〉「한국어속담100 관용어100」

1)	가는 날이 장날이다
2)	가는 말이 고와야 오는 말이 곱다
3)	가재는 게 편이다
4)	가지 않은 나무에 바람 잘 날 없다
5)	갈수록 태산이다
6)	같은 값이면 다홍치마
7)	개구리 올챙이 적 생각 못한다

---

26) 임혜진, 「학습자 수준별 관용표현 교수항목에 대한 연구-의미 투명도와 사용빈도를 바탕으로-」, 한국외국어대학교석사논문, 2007, p.18.
27) 성인 연령층을 대상으로 목적은 한국어 학습 및 한국 문화 이해에 있다.

8)	개천에서 용 난다
9)	걱정도 팔자
10)	고래 싸움에 새우등 터진다
11)	고양이 앞에 쥐
12)	공든 탑이 무너지랴
13)	구관이 명관이다
14)	구렁이 담 넘어가듯 한다
15)	굴러온 돌이 박힌 돌 뺀다
16)	귀한 자식 매로 키워라
17)	그림의 떡
18)	금강산도 식후경
19)	길고 짧은 것은 대보아야 안다
20)	꼬리가 길면 밟힌다
21)	꿈보다 해몽이 좋다
22)	꿩 대신 닭
23)	낫 놓고 기역자도 모른다
24)	낮 말은 새가 듣고 밤 말은 쥐가 듣는다
25)	누워서 떡 먹기
26)	누워서 침 뱉기
27)	달면 삼키고 쓰면 뱉는다
28)	닭 쫓던 개 지붕 쳐다본다
29)	도로 아미타불
30)	도토리 키 재기
31)	독 안에 든 쥐
32)	돌다리도 두드려 보고 건너라
33)	등잔 밑이 어둡다
34)	땅 짚고 헤엄치기
35)	떡 본 김에 제사 지낸다
36)	떡 줄 사람은 생각도 않는데 김칫국부터 마신다
37)	뛰는 놈 위에 나는 놈 있다

38)	말 한 마디로 천냥 빚 갚는다
39)	먼 사촌보다 가까운 이웃이 낫다
40)	모난 돌이 정 맞는다
41)	모로 가도 서울만 가면 된다
42)	모르는게 약이다
43)	목마른 사람이 우물 판다
44)	물에 빠지면 지푸라기라도 잡는다
45)	믿는 도끼에 발등 찍힌다
46)	밑 빠진 독에 물 붓기
47)	바늘 도둑이 소 도둑 된다
48)	발 없는 말이 천리 간다
49)	배보다 배꼽이 더 크다
50)	백지장도 맞들면 낫다
51)	벼룩의 간을 내먹는다
52)	불난 집에 부채질한다
53)	비 온 뒤에 땅이 굳어진다
54)	빈 수레가 더 요란하다
55)	사공이 많으면 배가 산으로 올라간다
56)	산에 가야 범을 잡지
57)	새 발의 피
58)	서당 개 삼년이면 풍월을 읊는다
59)	서울 가서 김 서방 찾기
60)	세 살 버릇 여든까지 간다
61)	소 귀에 경 읽기
62)	소 잃고 외양간 고친다
63)	송충이는 솔잎을 먹어야 산다
64)	쇠뿔도 단김에 빼라
65)	수박 겉 핥기
66)	시작이 반이다
67)	싼 게 비지떡

(68)	아니 땐 굴뚝에 연기 날까
(69)	아닌 밤중에 홍두깨
(70)	아무리 바빠도 바늘 허리 매어 못 쓴다
(71)	앓던 이 빠진 것 같다
(72)	업은 아이 삼 년 찾는다
(73)	엎드리면 코 닿을 데
(74)	엎질러진 물
(75)	열 길 물 속은 알아도 한 길 사람 속은 모른다
(76)	열 번 찍어 안 넘어가는 나무 없다
(77)	옥에 티
(78)	옷이 날개다
(79)	우는 아이 젖 준다
(80)	우물 안 개구리
(82)	울며 겨자 먹기
(83)	웃는 낯에 침 뱉으랴
(84)	원수는 외나무다리에서 만난다
(85)	원숭이도 나무에서 떨어진다
(86)	윗물이 맑아야 아랫물도 맑다
(87)	입에 쓴 약이 몸에는 좋다
(88)	정들자 이별
(89)	쥐구멍에도 볕들 날 있다
(90)	지렁이도 밟으면 꿈틀한다
(91)	지성이면 감천이다
(92)	천리 길도 한 걸음부터
(93)	친구 따라 강남 간다
(94)	티끌 모아 태산
(95)	핑계 없는 무덤 없다
(96)	하나를 보면 열을 안다
(97)	하늘의 별 따기
(98)	하늘이 무너져도 솟아날 구멍이 있다

99)	하룻강아지 범 무서운 줄 모른다
100)	호랑이한테 물려가도 정신만 차리면 산다

실제적인 의사소통과 문화 학습을 강조하는 오늘날의 한국어수업에서 다루어지는 속담은 개인에 의해 선별되거나 고전에 실린 속담이 아니라 실제 한국인들이 많이 사용하는 속담이어야 할 것이다.[28] 즉 실제적으로 사용될 수 있는 속담을 학습해야 한다.

앞장의 한국어 교재에서 나타난 속담 분석을 통해서 알 수 있듯이 중국 내 한국어 학습자들을 위한 수업에서 속담표현은 아직까지 큰 비중을 차지하지 못 하고 있다. 그러나 한국문화에 대한 이해를 높이고, 보다 높은 수준의 한국어 구사를 위해서는 속담교육이 필요하다고 본다. 본 고에서는 속담을 학습자의 실제 의사소통 능력의 향상을 위한 효과적인 교육 자료로 보고 이를 적절히 사용할 수 있는 방안을 모색하고자 한다. 그래서 본고에서는 중국에서는 출판된 표준한국어 교재, 북경대학교의 한국어 교재, 연변대학교의 한국어 교재와 한국에서의 선문대학교, 서울대학교, 경희대학교, 연세대학교의 한국어 교재 등 모두 7개 기관의 한국어 교재와 「속담100 관용어 100」과 「살아있는 한국어(속담 편)」비교를 통해서 속담의 교수항목 실태를 조사하고자 한다.

앞서 제시한 교육용 속담 선정기준에 따라서 본고에서 다루어질 속담은 「속담100 관용어 100」와 「살아있는 한국어」두 자료에서 제시된 속담들 중에서 중복된 속담들 제외하고 모두 116개로 줄였다.[29] 이런 절차를

---

28) 김정아, 「한국어 교육에서의 교육용 속담 선정에 대한 고찰」, 敎育論叢 제18집, 2002.
29) 김선정·강현자, 「한국어 관용어 교재 개발을 위한 기초 연구 및 단원 제시 」, 이중언어학회 제32호, 2006.

걸쳐 최종 선정된 116개 속담을 기준으로 각 교육기관별 교재에 나타난 속담의 빈도를 살펴보겠다.[30) 이에 따라서 다음과 같이 제시한다.

〈표 11〉 한국어 교재에서 다루는 속담빈도

순서	속담	A 표준	B 북경	C 연변	D 선문	E 서울	F 경희	G 연세	빈도수
1	믿는 도끼에 발등 찍힌다								0
2	가는 말이 고와야 오는 말이 곱다			○	○	○	○		4
3	호랑이도 제 말하면 온다				○				1
4	식은 죽 먹기				○		○ 2번		3
5	병 주고 약 준다				○				1
6	작은 고추가 맵다								0
7	티끌 모아 태산		○		○			○	3
8	우물 안 개구리				○	○ 2번		○ 2번	3
9	등잔 밑이 어둡다	○			○			○	3
10	금강산도 식후경							○ 2번	2
11	하늘의 별 따기				○	○	○	○	4
12	세 살 적 버릇 여든까지 간다			○	○		○		3
13	소 잃고 외양간 고친다				○			○	2
14	울며 겨자 먹기				○				1
15	원숭이도 나무에서 떨어진다	○			○			○	3
16	말이 씨가 된다					○			1
17	걱정도 팔자다								0
18	싼 게 비지떡						○		1
19	하룻강아지 범 무서운 줄 모른다		○					○	2
20	가는 날이 장날이다								0

---

30) 여기서 제시한 표의 한국어 교재는 다음과 같다 A:「표준한국어(1~3권)」B:「북경대학교 한국어 교재」(1~4권)민족출판사 C:「초급한국어 상하」「중급한국어 상하」「고급한국어상하(연변대학교) D: 선문대학교 한국어 교재 (초 중 고급) E: 서울대학교 한국어 교재 (초 중 고급) F: 경희대 한국어 교재 (1~6권) G: 연세대학교 한국어 교재 (1~6권).

21	도둑이 제 발 저리다							0
22	하늘이 무너져도 솟아날 구멍이 있다		○		○			2
23	갈수록 태산이다	○						1
24	옷이 날개다							0
25	친구 따라 강남 간다						○	1
26	불난 집에 부채질 한다							0
27	떡 줄 사람 생각도 않는데 김칫국부터 마신다		○			○		2
28	시작이 반이다				○			1
29	미운 놈 떡 하나 더 준다					○		1
30	우물을 파도 한 우물을 파라				○			1
31	백지장도 맞들면 낫다		○ 2번		○		○	3
32	꿩 먹고 알 먹기		○			○		2
33	벼룩의 간을 내어 먹는다							0
34	배보다 배꼽이 더 크다				○		○	2
35	입에 쓴 약이 몸에 좋다			○	○			2
36	윗물이 맑아야 아랫물이 맑다				○		○ 5번	2
37	보기 좋은 떡이 먹기도 좋다					○		1
38	새 발의 피							0
39	고생 끝에 낙이 온다		○				○	2
40	팔은 안으로 굽는다				○			1
41	도토리 키 재기				○			1
42	오르지 못할 나무 쳐다보지도 마라							0
43	웃는 낯에 침 못 뱉는다				○			1
44	돌다리도 두드려 보고 건너라		○		○	○		3
45	고래 싸움에 새우 등 터진다				○	○		2
46	열 길 물 속은 알아도 한 길 사람 속은 모른다						○	1
47	물에 빠지면 지푸라기라도 잡는다							0
48	개구리 올챙이 적 생각 못한다				○	○	○	3
49	꿩 대신 닭							0
50	비 온 뒤에 땅이 굳어진다				○			1
51	아니 땐 굴뚝에 연기 날까							0
52	벼는 익을수록 고개를 숙인다	○				○		2
53	쇠귀에 경 읽기		○	○			○	3
54	수박 겉 핥기				○			1
55	달면 삼키고 쓰면 뱉는다				○			1

56	잘 되면 제 탓 못되면 조상 탓	○						1
57	열 손가락 깨물어 안 아픈 손가락 없다			○				1
58	천 리 길도 한 걸음부터	○		○			○	3
59	꿀 먹은 벙어리							0
60	서당 개 삼 년이면 풍월을 읊는다					○		1
61	가재는 게 편이다	○						1
62	가지 많은 나무에 바람 잘 날 없다							0
63	같은 값이면 다홍치마					○		1
64	개천에서 용 난다							0
65	고양이 앞에 쥐							0
66	공든 탑이 무너지랴		○	○				2
67	구관이 명관이다			○				1
68	구렁이 담 넘어가듯 한다							0
69	굴러온 돌이 박힌 돌 뺀다							0
70	귀한 자식 매로 키워라							0
71	그림의 떡		○	○	○	○		4
72	길고 짧은 것은 대보아야 안다							0
73	꼬리가 길면 밟힌다						○	1
74	꿈보다 해몽이 좋다						○	1
75	낫 놓고 기역자도 모른다	○				○		2
76	낮말은 새가 듣고 밤 말은 쥐가 듣는다	○		○	○	○		4
77	누워서 떡 먹기				○	○	○	3
78	누워서 침 뱉기							0
79	닭 쫓던 개 지붕 쳐다본다							0
80	도로 아미타불							0
81	독 안에 든 쥐							0
82	땅 짚고 헤엄치기					○		1
83	떡 본 김에 제사 지낸다					○		1
84	뛰는 놈 위에 나는 놈 있다			○				1
85	말 한 마디에 천 냥 빚 갚는다		○	○		○ 2번		4
86	먼 사촌보다 가까운 이웃이 낫다	○		○				2
87	모난 돌이 정 맞는다							0
88	모로 가도 서울만 가면 된다							0
89	모르는 게 약이다				○			1
90	목마른 사람이 우물 판다							0
91	밑 빠진 독에 물 붓기							0

92	바늘 도둑이 소 도둑 된다						0
93	발 없는 말이 천리 간다			○	○		2
94	빈 수레가 더 요란하다			○			1
95	사공이 많으면 배가 산으로 올라간다						0
96	산에 가야 범을 잡지						0
97	서울 가서 김서방 찾기						0
98	송충이는 솔잎을 먹어야 산다						0
99	쇠뿔도 단김에 빼라			○			1
100	아닌 밤중에 홍두깨						0
101	아무리 바빠도 바늘허리 매어 못 쓴다					○	1
102	앓던 이 빠진 것 같다						0
103	업은 아이 삼년 찾는다			○			1
104	엎드리면 코 닿을 데						0
105	엎질러진 물					○	1
106	열 번 찍어 안 넘어가는 나무 없다	○					1
107	옥에 티			○			1
108	우는 아이 젖 준다						0
109	원수는 외나무다리에서 만난다						0
110	정들자 이별						0
111	쥐구멍에도 볕들 날 있다			○			1
112	지렁이도 밟으면 꿈틀한다						0
113	지성이면 감천이다			○			1
114	핑계 없는 무덤이 없다			○	○		2
115	하나를 보면 열을 안다			○			1
116	호랑이한테 물려가도 정신만 차리면 산다	○		○			2

〈표 11〉은 선정된 116개를 기준으로 각 교재에서 제시된 빈도수를 살펴본 것이다. 〈표 11〉을 보면 빈도수에 따라서 '가는 말이 고와야 오는 말이 곱다'라는 속담부터 '하나를 보면 열을 안다'까지 모두 75개 속담을 한국어 교재에서 실었다는 것을 알 수 있다. 〈표 12〉를 보면 동일한 교재에서 반복 등장하는 속담이 많다. 예를 들면 '윗물이 맑아야 아랫물이 맑다'(연세대학교교재, 5번), '백지장도 맞들면 낫다'(표준한국어 교재, 2번), '말 한 마디에 천 냥 빚 갚는다.'(경희대학교 한국어 교재,

2번), '금강산도 식후경'(연세대학교 한국어 교재, 2번), '우물 안 개구리'(서울대학교와, 연세대학교 한국어 교재, 2번씩), '식은 죽 먹기'(경희대학교 한국어 교재, 2번) 등이 있다. 사용빈도를 분석해 보았더니 각 기관의 교재마다 속담이 골고루 나타나고 있는데 그 목록이 매우 다양하여 선정기준이 모두 다른 것처럼 보인다. 학습자의 수준별 속담 교수 항목을 선정하려면 외국어로서의 한국어교육 현장에서 가르칠 속담 목록 선정이 그에 대한 선행 작업으로 이루어져야 할 것이다. 따라서 앞에서 정리한 속담 목록을 빈도수대로 다시 정리 정렬하면 다음과 같다.

〈표 12〉 빈도수에 따른 한국어 교재의 속담 목록

순서	속담	빈도수	순서	속담	빈도수
1	가는 말이 고와야 오는 말이 곱다	4	29	벼는 익을수록 고개를 숙인다	2
2	하늘의 별 따기	4	30	공든 탑이 무너지랴	2
3	그림의 떡	4	31	낫 놓고 기역자도 모른다	2
4	낮말은 새가 듣고 밤 말은 쥐가 듣는다	4	32	먼 사촌보다 가까운 이웃이 낫다	2
5	말 한 마디에 천 냥 빚 갚는다	4	33	발 없는 말이 천리 간다	2
6	식은 죽 먹기	3	34	핑계 없는 무덤이 없다	2
7	티끌 모아 태산	3	35	호랑이한테 물려가도 정신만 차리면 산다	2
8	우물 안 개구리	3	36	호랑이도 제 말하면 온다	1
9	등잔 밑이 어둡다	3	37	병 주고 약 준다	1
10	세 살 적 버릇 여든까지 간다	3	38	울며 겨자 먹기	1
11	원숭이도 나무에서 떨어진다	3	39	말이 씨가 된다	1
12	백지장도 맞들면 낫다	3	40	싼 게 비지떡	1
13	돌다리도 두드려 보고 건너라	3	41	갈수록 태산이다	1
14	개구리 올챙이 적 생각 못한다	3	42	친구 따라 강남 간다	1
15	쇠귀에 경 읽기	3	43	시작이 반이다	1
16	천 리 길도 한 걸음부터	3	44	미운 놈 떡 하나 더 준다	1
17	누워서 떡 먹기	3	45	우물을 파도 한 우물을 파라	1
18	금강산도 식후경	2	46	보기 좋은 떡이 먹기도 좋다	1
19	소 잃고 외양간 고친다	2	47	팔은 안으로 굽는다	1
20	하룻강아지 범 무서운 줄 모른다	2	48	도토리 키 재기	1
21	하늘이 무너져도 솟아날 구멍이 있다	2	49	웃는 낯에 침 못 뱉는다	1

22	떡 줄 사람 생각도 않는데 김칫국부터 마신다	2	50	열 길 물 속은 알아도 한 길 사람 속은 모른다	1
23	꿩 먹고 알 먹기	2	51	비 온 뒤에 땅이 굳어진 다	1
24	배보다 배꼽이 더 크다	2	52	수박 겉핥기	1
25	입에 쓴 약이 몸에 좋다	2	53	달면 삼키고 쓰면 뱉는다	1
26	윗물이 맑아야 아랫물이 맑다	2	54	잘 되면 제 탓 못되면 조상 탓	1
27	고생 끝에 낙이 온다	2	55	열 손가락 깨물어 안 아픈 손가락 없다	1
28	고래 싸움에 새우 등 터진다	2	56	서당 개 삼 년이면 풍월을 읊는다	1
57	가재는 게 편이다	1	107	산에 가야 범을 잡지	0
58	같은 값이면 다홍치마	1	108	서울 가서 김서방 찾기	0
59	구관이 명관이다	1	109	송충이는 솔잎을 먹어야 산다	0
60	꼬리가 길면 밟힌다	1	110	아닌 밤중에 홍두깨	0
61	꿈보다 해몽이 좋다	1	111	앓던 이 빠진 것 같다	0
62	땅 짚고 헤엄치기	1	112	엎드리면 코 닿을 데	0
63	떡 본 김에 제사 지낸다	1	113	우는 아이 젖준다	0
64	뛰는 놈 위에 나는 놈 있다	1	114	원수는 외나무다리에서 만나다	0
65	모르는 게 약이다	1	87	꿩 대신 닭	0
66	빈 수레가 더 요란하다	1	88	아니 땐 굴뚝에 연기 날까	0
67	쇠뿔도 단김에 빼라	1	89	꿀 먹은 벙어리	0
68	아무리 바빠도 바늘허리 매어 못 쓴다	1	90	가지 많은 나무에 바람 잘 날 없다	0
69	업은 아이 삼년 찾는 다	1	91	개천에서 용 난다	0
70	엎질러진 물	1	92	고양이 앞에 쥐	0
71	열 번 찍어 안 넘어가는 나무 없다	1	93	구렁이 담 넘어가듯 한다	0
72	옥에 티	1	94	굴러온 돌이 박힌 돌 뺀다	0
73	쥐구멍에도 볕들 날 있다	1	95	귀한 자식 매로 키워라	0
74	지성이면 감천이다	1	96	길고 짧은 것은 대보아야 안다	0
75	하나를 보면 열을 안다	1	97	누워서 침 뱉기	0
76	믿는 도끼에 발등 찍힌다	0	98	닭 쫓던 개 지붕 쳐다본다	0
77	작은 고추가 맵다	0	99	도로 아미타불	0
78	걱정도 팔자다	0	100	독 안에 든 쥐	0
79	가는 날이 장날이다	0	101	모난 돌이 정 맞는 다	0
80	도둑이 제 발 저리다	0	102	모로 가도 서울만 가면 된 다	0
81	옷이 날개다	0	103	목마른 사람이 우물 판다	0
82	불난 집에 부채질 한다	0	104	밑 빠진 독에 물 붓기	0
83	벼룩의 간을 내어 먹는다	0	105	바늘 도둑이 소 도둑된다	0
84	새 발의 피	0	106	사공이 많으면 배가 산으로 올라간다	0
85	오르지 못할 나무 쳐다보지도 마라	0	115	정들자 이별	0
86	물에 빠지면 지푸라기라도 잡는다	0	116	지렁이도 밟으면 꿈틀한다	0

〈표 12〉를 보면 빈도수에 따라서 '가는 말이 고와야 오는 말이 곱다'라는 속담부터 '하나를 보면 열을 안다'까지 모두 75개 속담이 한국어 교재에 실렸다는 것을 알 수 있다. 기준이 되는 두 자료가 한국인들이 가장 많이 사용하고 있는 고빈도의 속담임에도 불과하고 교재에서 많지 않을 뿐만 아니라 41개 속담이 교재에서 실리지 않았다는 것을 알 수 있다. 이것은 각 교재들이 속담 목록을 교수항목으로 선정하는 과정에서 하나의 일치된 기준이 없었음을 보여주는 근거가 될 수 있으며 이는 외국인 학습자가 배울 때 혼란스럽다고 느낄 이유가 될 수 있다. 이러한 이유로 인하여 중국인학습자들을 위해서 위에 선정된 한·중 속담을 비교를 통해 보다 신뢰할 만한 속담 교수항목을 선정해야 한다. 따라서 객관적이고 타당성을 가지고 있는 하나의 통일된 기준이 필요하다.

학습자의 수준별 속담 교수항목을 선정하려면 외국어로서의 한국어 교육현장에서 가르칠 속담 목록 선정이 그에 대한 선행 작업으로 이루어져야 할 것이다. 이에 따라 앞 절에서 정리한 속담 목록을 하나로 정리할 필요가 있을 것이다. 두 자료를 비교해서 모든 교재에서 한번씩 나타나는 75개 속담목록을 취합하여 빈도수 순서대로 정렬하면 다음과 같다.

〈표 13〉 한국어 교재에 나타난 속담목록

순서	속담
1	가는 말이 고와야 오는 말이 곱다
2	하늘의 별 따기
3	그림의 떡
4	낮말은 새가 듣고 밤 말은 쥐가 듣는 다

5	말 한 마디에 천 냥 빚 갚는 다
6	식은 죽 먹기
7	티끌 모아 태산
8	우물 안 개구리
9	등잔 밑이 어둡다
10	세 살 적 버릇 여든까지 간다
11	원숭이도 나무에서 떨어진다
12	백지장도 맞들면 낫다
13	돌다리도 두드려 보고 건너라
14	개구리 올챙이 적 생각 못한다
15	쇠귀에 경 읽기
16	천 리 길도 한 걸음부터
17	누워서 떡 먹기
18	금강산도 식후경
19	소 잃고 외양간 고친 다
20	하룻강아지 범 무서운 줄 모른 다
21	하늘이 무너져도 솟아날 구멍이 있다
22	떡 줄 사람 생각도 않는데 김칫국부터 마신 다
23	꿩 먹고 알 먹기
24	배보다 배꼽이 더 크다
25	입에 쓴 약이 몸에 좋다
26	윗물이 맑아야 아랫물이 맑다
27	고생 끝에 낙이 온다
28	고래 싸움에 새우 등 터진다
29	벼는 익을수록 고개를 숙인다
30	공든 답이 무너지랴
31	발 없는 말이 천리 간 다
32	핑계 없는 무덤이 없다
33	호랑이한테 물려가도 정신만 차리면 산다
34	호랑이도 제 말하면 온다
35	병 주고 약 준 다
36	울며 겨자 먹기
37	말이 씨가 된다
38	싼 게 비지떡
39	갈수록 태산이다
40	친구 따라 강남 간다
41	시작이 반이다

42	미운 놈 떡 하나 더 준다
43	우물을 파도 한 우물을 파라
44	보기 좋은 떡이 먹기도 좋다
45	팔은 안으로 굽는다
46	도토리 키 재기
47	웃는 낯에 침 못 뱉는다
48	열 길 물속은 알아도 한 길사람 속은 모른다
49	비 온 뒤에 땅이 굳어진 다
50	수박 겉핥기
51	달면 삼키고 쓰면 뱉는 다
52	잘 되면 제 탓 못되면 조상 탓
53	열 손가락 깨물어 안 아픈 손가락 없다
54	서당 개 삼 년이면 풍월을 읊는다
55	가재는 게 편이다
56	같은 값이면 다홍치마
57	구관이 명관이다
58	꼬리가 길면 밟힌다
59	꿈보다 해몽이 좋다
60	땅 짚고 헤엄치기
61	떡 본 김에 제사 지낸다
62	뛰는 놈 위에 나는 놈 있다
63	모르는 게 약이다
64	빈 수레가 더 요란하다
65	쇠뿔도 단김에 빼라
66	아무리 바빠도 바늘허리 매어 못 쓴다
67	업은 아이 삼년 찾는 다
68	엎질러진 물
69	열 번 찍어 안 넘어가는 나무 없다
70	옥에 티
71	쥐구멍에도 볕들 날 있다
72	지성이면 감천이다
73	하나를 보면 열을 안다
74	낫 놓고 기역자도 모른 다
75	먼 사촌보다 가까운 이웃이 낫다

본고는 언어사용의 단계별로 속담표현을 구분해서 가르칠 필요성을

인식하고 〈표 13〉에서 제시하는 것과 같이 빈도수에 따라 나누어서 목록을 제시하였다. 본고에서 취합한 속담 목록은 '가는 말이 고와야 오는 말이 곱다'부터 '하나를 보면 열을 안다'까지 모두 75개이다. 116개 중에서 각 교재에 한번 씩 실린 속담은 75개이며 이것은 사용빈도가 가장 높고 외국인한테 먼저 가르쳐야 할 속담으로 간주할 수 있다. 빈도수 4인 속담표현은 5개로 매우 적은 양으로 이루어져 있다. '가는 말이 고와야 오는 말이 곱다', '하늘의 별 따기', '그림의 떡', '낮말은 새가 듣고 밤말은 쥐가 듣는 다', '말 한 마디에 천 냥 빚 갚는다.' 등이다. 〈표 13〉을 보면 현재 한국어 교육현장에서는 수많은 속담표현을 교수항목으로 제시하고 있지만 고빈도에 속하는 속담표현 목록의 수가 많지 않을 뿐만 아니라 같은 급의 급별 속담 목록도 서로 겹치는 목록이 많지 않은 것을 알 수 있다.

또한 중국인 학습자의 경우 한국어로 표현하는 과정에서 우선 생각해야하는 것은 중국어 표현에 대응되는 한국어 속담이 있는가 하는 것이다. 그래서 여기 중국인 학습자를 위한 교육용 속담을 선정할 때는 중국인들이 속담을 사용하는 상황과 표현을 고려해야 한다. 중국인 학습자가 모국어를 사용할 때에는 성어나 속담을 많이 사용한다. 그리하여 한국어를 공부하고 사용할 때에도 자연스럽게 속담이나 관용 표현으로 구사하기를 원한다. 그래서 외국어 접할 때 모국어와 대응 비교하면서 사고하고 구사하는 경우가 많다.[31] 따라서 본고에서 빈도수가 가장 높은 75개를 제외한 나머지 중 빈도수가 높은데 한국어 교재에서 실리지 않은 41개 속담 및 중국어상용속담[32]과 비교해서 공통 제시한

<hr>

31) 김영사, 「중국인 학습사를 위한 속담 교육 연구」, 경희대학교석사논문, 2002, p.33.
32) 吳慶第 著, 『中国常用俗语凡例』, 慶星大學校出版部 见 副录, 1992.

것은 모두 15개로 선정할 필요가 있다고 본다. 이와 같이 15개 속담을 다음과 같이 제시한다.

〈표 14〉 한·중 상용속담 목록

순서	속담	중국속담
1	작은 고추가 맵다	辣椒是小的辣
2	걱정도 팔자다	天下本无事 庸人自扰之
3	도둑이 제 발 저리다	做贼心虚
4	옷이 날개다	①人是衣裝,佛是金裝 ②人靠衣服,马靠鞍 ③三分长相 七分打扮
5	불난 집에 부채질 한다	火上浇油
6	물에 빠지면 지푸라기라도 잡는다	落水哪怕稻草也想抓住
7	꿩 대신 닭	比喻退而求其次
8	아니 땐 굴뚝에 연기 날까	无风不起浪
9	꿀 먹은 벙어리	哑巴吃黄连－－有苦说不出
10	귀한 자식 매로 키워라	棍棒底下出孝子
11	길고 짧은 것은 대보아야 안다	路遥知马力,日久见人心
12	누워서 침 뱉기	搬起石头砸自己的脚
13	산에 가야 범을 잡지	不如虎穴 焉得虎子
14	아닌 밤중에 홍두깨	①牛头不对马嘴 ②风马牛不相及 ③莫名其妙
15	지렁이도 밟으면 꿈틀한다	狗急跳墙,人急造反

학습자의 수준별 속담 교수항목을 선정하려면 외국어로서의 한국어 교육현장에서 가르칠 속담 목록 선정이 그에 대한 선행 작업으로 이루어져야 할 것이다. 따라서 앞 절에서 정리한 속담 목록을 하나로 정리할 필요가 있는데 속담목록을 취합하여 정렬하면 다음과 같다.

순서	속담	중국어속담
1	가는 말이 고와야 오는 말이 곱다	①你不说他秃他不说你眼瞎 ②你敬我一尺我敬你一丈 ③人心换人心
2	하늘의 별 따기	①搬着梯子上天－难上难 ②比登天还难 ③拉牛上树－－难啊
3	그림의 떡	墙上画大饼－-中看不中吃
4	낮말은 새가 듣고 밤 말은 쥐가 듣는다	①隔墙有耳 ②没有不透风的墙
5	말 한 마디에 천 냥 빚 갚는다	会说的能说活了不会说的说跳了
6	식은 죽 먹기	不费吹灰之力
7	티끌 모아 태산	积少成多，聚沙成塔
8	우물 안 개구리	井底之蛙
9	등잔 밑이 어둡다	灯下不明
10	세 살 적 버릇 여든까지 간다	①三岁定八十八十岁定终身 ②江山易改,本性难移 ③狗改不了吃屎
11	원숭이도 나무에서 떨어진다	①人有失手马有失蹄 ②老虎也有打盹的时候 ③智者千虑 必有一失
12	백지장도 맞들면 낫다	①人多力量大 ②树多好避荫 ③众人拾柴火焰高 ④众擎易举
13	돌다리도 두드려 보고 건너라	①摸着石头过河 ②三思而后行
14	개구리 올챙이 적 생각 못한다	丢掉讨饭棍忘记叫街时
15	쇠귀에 경 읽기	对牛弹琴
16	천 리 길도 한 걸음부터	千里之行,始于足下
17	누워서 떡 먹기	①易如反掌 ②不费吹灰之力
18	금강산도 식후경	民以食为天
19	소 잃고 외양간 고친다	亡羊补牢
20	하룻강아지 범 무서운 줄 모른다	初生牛犊不怕虎
21	하늘이 무너져도 솟아날 구멍이 있다	①车到山前必有路船到桥头自然直 ②天无绝人之路

22	떡 줄 사람 생각도 않는데 김칫국부터 마신다	老虎还在山上先把皮卖了
23	꿩 먹고 알 먹기	①一举两得 ②一箭双雕
24	배보다 배꼽이 더크다	①本末倒置 ②　得不偿失
25	입에 쓴 약이 몸에 좋다	良药苦口利于病　忠言逆耳利于行
26	윗물이 맑아야 아랫물이 맑다	上梁不正,下梁歪
27	고생 끝에 낙이 온다	苦尽甘来
28	고래 싸움에 새우 등 터진다	城门失火,殃及池鱼
29	벼는 익을수록 고개를 숙인다	虚怀若谷
30	공든 답이 무너지랴	皇天不负有心人
31	발 없는 말이 천리 간다	①好事不出门,坏事传千里 ②不胫而走 ③一传十,十传百
32	핑계 없는 무덤이 없다	
33	호랑이한테 물려가도 정신만 차리면 산다	留的青山在,不怕没柴烧
34	호랑이도 제 말하면 온다	说曹操曹操到
35	병 주고 약 준다	①打一巴掌揉三揉 ②杀人救人　欺人让人
36	울며 겨자 먹기	
37	말이 씨가 된다	
38	싼 게 비지떡	①便宜没好货 ②一分钱,一分货
39	갈수록 태산이다	①举步为艰 ②王小二过年,一年不如一年
40	친구 따라 강남 간다	
41	시작이 반이다	好的开始是成功的一半
42	미운 놈 떡 하나 더 준다	
43	우물을 파도 한 우물을 파라	莫学灯笼千只眼,要学蜡烛一条心
44	보기 좋은 떡이 먹기도 좋다	
45	팔은 안으로 굽는다	胳膊轴子往外拐
46	도토리 키 재기	半斤八两
47	웃는 낯에 침 못 뱉는다	伸手不打笑脸人
48	열 길 물속은 알아도 한 길사람 속은 모른다	①人心隔肚皮 ②知人知面不知心 ③路遥知马力日久见人心

49	비 온 뒤에 땅이 굳어진다	
50	수박 겉핥기	
51	달면 삼키고 쓰면 뱉는다	好事身上揽,坏事门外推
52	잘 되면 제 탓 못되면 조상 탓	好事身上揽,坏事门外推
53	열 손가락 깨물어 안 아픈 손가락 없다	手心手背都是肉
54	서당 개 삼 년이면 풍월을 읊는다	①跟着瓦匠睡三天不会盖房也会搬砖 ②学会唐诗三百首不会做诗也会编
55	가재는 게 편이다	①物以类聚,人以群分 ②官向官,吏向吏
56	같은 값이면 다홍치마	
57	구관이 명관이다	
58	꼬리가 길면 밟힌다	①爱走夜路总要见鬼 ②要想人不知除非己莫为
59	꿈보다 해몽이 좋다	
60	땅 짚고 헤엄치기	①轻而易举 易如反掌 ②不费吹灰之力 ③十拿九稳
61	떡 본 김에 제사 지낸다	借花献佛
62	뛰는 놈 위에 나는 놈 있다	①人外有人,天外有天
63	모르는 게 약이다	知事少时烦恼少,识人多处是非多 眼不见心不烦
64	빈 수레가 더 요란하다	①一瓶子不满,半瓶子晃荡 ②爱叫的母鸡不下蛋 ③雷声大雨点小
65	쇠뿔도 단김에 빼라	趁热打铁
66	아무리 바빠도 바늘허리 매어 못 쓴다	
67	업은 아이 삼년 찾는다	骑驴找驴
68	엎질러진 물	生米煮成熟饭
69	열 번 찍어 안 넘어가는 나무 없다	人不经百语树不经百斧
70	옥에 티	金无足赤,人无完人
71	쥐구멍에도 볕들 날 있다	瓦片也有翻身日,困龙也有上天时
72	지성이면 감천이다	①精诚所至金石为开 ②只要功夫深铁杵磨成针
73	하나를 보면 열을 안다	①举一反三 ②触类旁通
74	낫 놓고 기역자도 모른다	目不识丁

75	먼 사촌보다 가까운 이웃이 낫다	远亲不如近邻
76	작은 고추 맵다	辣椒是小的辣
77	걱정도 팔자다	天下本无事 庸人自扰之
78	도둑이 제 발 저린다	做贼心虚
79	옷이 날개다	①人是衣装,佛是金装 ②人靠衣服,马靠鞍 ③三分长相 七分打扮
80	불난 집에 부채질 한다	火上浇油
81	물에 빠지면 지푸라기라도 잡는다	落水哪怕稻草也想抓住
82	꿩 대신 닭	比喻退而求其次
83	아니 땐 굴뚝에 연기 날까	无风不起浪
84	꿀 먹은 벙어리	哑巴吃黄连－－有苦说不出
85	귀한 자식 매로 키워라	棍棒底下出孝子
86	길고 짧은 것은 대보아야 안다	路遥知马力,日久见人心
87	누워서 침 뱉기	搬起石头砸自己的脚
88	산에 가야 범을 잡지	不如虎穴 焉得虎子
89	아닌 밤중에 홍두깨	①牛头不对马嘴 ②风马牛不相及 ③莫名其妙
90	지렁이도 밟으면 꿈틀한다	狗急跳墙,人急造反

앞서 〈표 15〉와 같이 제시한 교육용 속담 선정 기준을 토대로 중국인 학습자를 위한 한국어 속담 교육에서 속담을 학습 시 유용하고 중요하다고 판단되는 속담 항목을 초급, 중급과 고급 단계로 분류하여 제시하고자 한다. 따라서 다음과 같은 구체적인 기준으로 교육용 속담 선정 분류 과정을 제안한다.

1단계 **同形同意는** 형식과 의미가 동일한 속담을 말한다. 주로 중국에서 유입된 속담이 많으며 그 의미를 쉽게 이해할 수 있거나, 또는 한국의 문화와 잘 어울릴 수 있었기에 나타났다. 중국어 와 한국어 간에 아무런 상이성을 드러내고 있지 않은 언어 항목들은 한 언어에서 이미 알고 있던 것을 다른 언어에 전이시켜주기만 하면 되기 때문에 어떤 문제점도 될 수가 없다. 따라서 한국어와 중국어 중 해당하는 의미 표현 등이 같은 속담은 큰 어려움 없이 학습할 수 있기에 초급으로 분류한다.

2단계 **異形同意는** 형식은 다르나 의미는 같은 속담을 말하는 것이다. 형태로 볼 때는 유사점을 찾아보기 힘든데 실제 내포된 의미가 서로 유사한 것이다. 즉 중국어 중 대응하는 속담의 의미는 같지만 형식이 다른 경우다. 본고에서 중급단계로 분류한다.

3단계 **同形異意는** 형식은 다르나 의미는 같은 속담을 말하는 것이다. 두 언어의 속담을 볼 때 유사점이 전혀 없지만 실제 내포된 의미가 서로 유사한 것이다. 본고에서 중급 단계로 분류한다.

4단계 **異意異形는** 형식과 의미가 서로 유사점을 찾을 수 없는 속담이다. 한국의 특유 문화에서 기인하여 저절로 만들어진 것이다. 이러한 속담은 중국에서는 찾아 볼 수 없기 때문에 학습할 때 큰 어려움을 겪기 마련이다. 학습자가 학습할 때 한국의 전통문화 등에 대해서는 설명과 이해가 가장 많이 필요한 부분이라고 본다. 중국어에는 없는 언어 항목이 한국어에는 있게 되면 과잉 세분화의 문제점이 발생하게 되는데, 이런 문제점은 일반적으로 보았을 때 형식과 의미 분배 등의 모든 면에 있어서 전적으로 새롭다는 이유 하나만으로 학습자에게 으레 높은 수준의 어려움을 야기하기 마련이다. 즉 모국어 중국어 중 대응하는 속담은 없는데 외국어 한국어에 대응하는 속담이 있는 경우다. 그 중에 가장 높은 난이도 속한 항목으로서 본고에서 고급단계로 분류한다.

따라서 본고에서는 위에 제시하는 기준에 선정된 90개 속담에 대응하는 중국 속담과의 대조분석을 통해서 속담의 단계별 목록을 제시하고자 한다.

3. 한국어 교육용 속담의 분류

3.1 교육용 속담의 분류

이 절에서는 선정된 속담의 의미에 대해 연구하고자 한다. 앞 절에서
선정된 90개 속담을

기반으로 한중 속담이 서로 대응할 수 있는 부분을 찾아보고자 한다.
우선 선행연구에서 한중 속담 비교할 때 유형을 어떻게 나누는지 검토
하면 류흔(1997)에서는 한중 속담을 '同意同形 同意異形 異形異形'으로
나누고 배개홍(2001)에서는 한중 속담을 '形式同一, 意味不统一', '形式不
统一, 意味统一'로 나누었다. 또한 류현경(2006)에서는 한중 한자어의
비교를 중심으로 연구하면서 한중간 유사속담과 동일 속담만 제시하였
고 이진선(2006)에서는 한국과 중국속담의 표현형식과 내용에서 모두
'同意同形 同意異形 異形異形' 세 부분으로 나누어 연구를 했다. 왕몽각
(2007)에서는 동일 표현의 동일 의미 유형, 부동일 표현의 동일 의미유
형, 동일 표현의 부동일 의미 유형, 부동일 표현의 부동일 의미 유형으
로 분류하였다.[33] 장지정(2008)에서는 '同形同意 異形同意 異意異形'으
로 분류하였다. 본고에서는 이상의 한중 속담비교 유형을 바탕으로 기
준을 제시하고자 한다.

---

33) 장지정(2008:54) 재인용.

3.1.1. 1단계 속담의 분류

1단계 형태도 같고 의미도 같은 속담 즉 同形同意 속담은 관습적으로 고정되어 쓰이는 일종의 관용표현이기 때문에 그것을 처음 접한 외국인 학습자는 그 뜻을 이해하기 힘들어 직역된 의미로 이해하려 할 것이다. 속담은 간결하고 깊은 의미로 압축된 말이기 때문에 그 의미를 제대로 이해하려고 하면 학습자 자신의 지식이 필요하다. 더구나 속담에서 사용하는 어휘, 문법 요소가 다양하므로 한국어 실력에 맞게 단계별로 난이도에 따라 선정하여야 한다. 따라서 본고에서는 난이도별로 초급 중급 고급단계로 나눠서 선정할 것이다. 초급단계는 속담의 실제 내용을 파악하는 이해의 단계이다. 이 단계에서는 학습자의 동기 유발을 유도하며 속담의 형태나 의미의 공통점을 중심으로 상호 문화적 이해를 통한 학습이 이루어질 수 있도록 해야 한다.

두 언어 간에 아무런 상이성을 드러내고 있지 않은 언어 항목들은 한 언어에서 이미 알고 있던 것을 다른 언어에 전이시켜주기만 하면 되기 때문에 어떤 문제점도 될 수가 없다.[34] 한국 속담과 중국 속담의 대조분석을 통해서 앞서 제시한 기준에 따라 본고에서 이와 같이 한국어 중국어 두 언어 중 해당하는 의미 표현형태 등 같은 속담들을 분류하고 다음과 같이 제시한다.

---

34) 김진우, 「第二語 習得研究-現況과 展望」, 『제2어 습득연구 - 현황과 전망』, 한국문화사, 2002(p.216~p.218)의 대조분석이론 참조.

1) 그림의 떡 画中之饼

2) 우물 안 개구리 井底之蛙

3) 돌다리도 두드려 보고 건너라 摸着石头过河

4) 천리 길도 한 걸음부터 千里之行 始于足下

5) 입에 쓴 약이 몸에 좋다 良药苦口利于病,忠言逆耳利于行

6) 고생 끝에 낙이 온다. 苦尽甘来

7) 벼는 익을수록 고개를 숙인다 虚怀若谷

8) 먼 사촌보다 가까운 이웃이 낫다 远亲不如近邻

9) 시작이 반이다 好的开始是成功的一半

10) 웃는 낯에 침 못 뱉는다 伸手不打笑脸人

11) 수박겉핥기 西瓜啃皮,难知好坏

12) 열 번 찍어 안 넘어가는 나무 없다 人不经百语, 树不经百斧

13) 작은 고추 맵다 辣椒是小的辣

14) 하나를 보면 열을 안다 举一反三

위에서 선정한 속담을 보면 '그림의 떡', '우물 안 개구리', '등잔 밑이 어둡다', '소 잃고 외양간 고치기', '하룻강아지 범 무서울 줄 모른다.', '고생 끝에 낙이 온다.' 등 중국어로 직접 대응하는 의미나 표현이 같은 속담들을 제시하고 있다. 이런 속담들의 중국어 해석은 중국인 학습자의 이해를 돕기 때문에, 이해에 필요한 시간이 훨씬 줄어들 수 있다고 본다. 중국과 한국은 예로부터 같은 동양문화권에 있었기에 문화적 유사성이 적지 않기 때문이다. 나라와 민족은 달라도 처해 있는 환경이나 생활 관습에 따라 표현형식이 다른 속담도 있지만 같은 내용의 속담도 적지 않다고 알 수 있다.35) 그러므로 이와 같이 뜻이 같거나 형태가 같은 대응어로 대치시켜 주는 것이 학습자의 이해를 더 쉽게 해 줄 것이다.

[예시 16]

〈한국속담〉 그림의 떡

〈중국속담〉 墙上画大饼

예를 들면 '그림의 떡[36]'은 음식에 관한 속담이다. 의미상으로는 같지만 지시물이 다르다는 것은 알 수 있다. 본고에서 의미와 표현 같은 속담으로 간주하겠다. 음식은 인간의 생명을 유지하면서 성장, 발육, 활동력을 증진시켜 주는, 생활에 절대적으로 필요한 공급원이다. 또한 좋은 음식은 심리적 정서적 안정감을 충족시켜 준다.[37] 한국은 쌀을 주식으로 하는 나라이고 지리적 환경과 기후적인 요인으로 한국 속담에서 '김치, 떡, 고추' 등 한국 민족 고유의 음식이나 한국 사람이 즐겨 먹는 음식이 한국 속담에서 많이 등장함을 볼 수 있다. 한국에서 떡은 밥 다음으로 많이 먹는 음식이기 때문에 위의 표를 보면 '떡'에 대한 속담이 많이 등장하는 것을 알 수 있다. 떡이라는 어휘만 이해가 된다면 그 음식을 중국 전통 음식으로 바꾸어 설명해도 학습자들이 쉽게 학습할 수 있을 뿐만 아니라 흥미롭게 수업을 진행할 수도 있다.[38] 중

---

35) 육신, 「한 중 양국의 속담 비교 연구」, 명지대학교석사논문, 1996, p.47~p.50.

36) 任晓玲, 「韩国俗谈的文化特性研究-以与汉语成语的比较为中心–外国语言学及应用语言学」, 对外经贸大学硕士论文, 2004 : 引用自中国古籍『三国志·魏志·卢疏传』中所载的 " " 中国的经文被大量的引用到韩国的俗谈中. 이 속담은 중국고전『삼국지』중의 "选举莫取有名, 名如画地做饼, 不可啖也"에서 인용된 것으로써, 중국의 고전은 한국의 속담에 대량으로 인용되고 있다.

37) 송재선, 『우리말 속담 큰 사전』, 서문당, 1986.

38) 이유선 「한국 문화 교육으로서의 속담 지도에 관한 연구 - 중국인 학습자를 대상으로 -」,

국인 학습자들은 한국의 음식문화에 대해 학습하면서 속담도 효율적으로 학습하는 효과를 기대할 수 있다.

[예시 17]

〈한국속담〉 입에 쓴 약은 몸에 좋다

〈중국속담〉 良药苦口[39]

이와 같은 속담들은 한국어에서 독립적으로 만든 것이지만 의미적으로 대응하는 비슷한 중국어 속담을 찾아 볼 수 있다. 그러나 양국의 풍속, 문화, 언어습관의 차이로 인해 사용의 형태상 큰 차이가 나타난 것이다. 용법도 차이를 보인다. 일부분의 한국어 속담이 중국 속담의 영향을 받아서 다른 형태로 바뀌어서 새로운 속담으로 사용하게 되는 경우일 수도 있다.

[예시 18]

〈한국속담〉 우물 안 개구리

〈중국속담〉 井底之蛙

시야가 좁은 생각이나 사람을, 밖에 세상을 우물 입구만큼 보는 우물 속의 개구리에 비유했을 때 쓴다. 중국인 학습자도 얼마든지 학습할 수 있다. 이와 같이 표현과 의미가 완전히 같기 때문에 이해하기 훨씬

관동대학교석사논문, 2006, p.27.

39) '良药苦口'은 『孔子家语 · 六本』중의 "良药苦口利于病, 忠言逆耳利于行"에서 인용된 것이다.

수월하고 쉬울 수 있다. 또한 특별히 어려운 문법이나 어려운 어휘도 포함되어 있지 않다는 것을 알 수 있다. 중국의 속담에서 유입되고 중국의 문화가 담겨 있어서 중국인 학습자한테 특별한 설명이 필요 없이 충분히 빨리 습득 가능한 속담이다. 또한 '천리 길도 한 걸음부터'라는 속담을 함께 가르치면 숫자도 배우고 속담도 배우며 수업 분위기도 활발해질 수 있다. 중국인 학습자가 한국어 고유 숫자를 배울 때 어렵다고 하는데 속담을 가르쳐주면서 숫자도 함께 학습할 수 있는 일석이조의 효과가 기대된다. '먼 사촌보다 가까운 이웃이 낫다'(远亲不如近邻), '시작이 반이다'(好的开始是成功的一半), '고생 끝에 낙이 온다'(苦尽甘来) 등과 같은 본문의 내용을 통하여 중국인 학습자들이 속담의 의미를 쉽게 이해하며 해당 속담을 바로 습득할 수 있다. 이와 같이 한·중 속담들 간에는 **공통점이 많고 둘이** 밀접한 관계를 지니고 있어서 한국어를 학습하는 중국인 학습자이 가장 쉽게 파악하는 부분이다.

[예시 19]

〈한국속담〉 쇠귀에 경 읽기

〈중국속담〉 对牛谈琴[40]

이는 아무리 가르치고 일러 주어도 알아듣지 못함을 비유하여 이르는 말이다. 중국속담에서는 이 같은 상황에서 '쇠귀에 가야금을 연주하기'(对牛谈琴)라는 표현을 사용하며 같은 의미를 지니고 있는 한국 속담

---

40) 对牛谈琴出自公明义为牛弹"清角之操"一事,意思是对不懂道理的人讲道理,对外行人说内行话,有"与不可言者而言"的引申意.(쇠귀에 가야금 연주하기는 공명의가 소를 위해 한다는 "清角之操"고사에서 유래하는 것으로써, 그 의미는 도리를 이해하지 못하는 사람에게 도리를 설명하는 일이다.)

이 '쇠귀에 경 읽기'와는 표현 형태가 다르다는 것을 알 수 있다. 그 외에 두 민족은 동일한 사고개념(思維概念)에 대해서도 표현형식이 다르다. 예를 들어 겁이 많다는 표현은 한국에서 "간이 콩알만 하다"로 표현하는 반면에 중국어에서 "간이 쥐만 하다"(胆小如鼠)로 표현한다. 이와 같은 예는 많이 있다. '찾기 어렵다'는 뜻으로 표현하는 중국속담은 大海撈針(바다 속에서 바늘을 찾는다)해당된다. 그러나 한국어 속담에서는 '모래밭에서 바늘 찾기'로 해석하고 있다. 이에 따라서 문화가 달라서 언어의 의미와 표현이 **서로 달라진다는 것을 알 수 있다.**

3.1.2. 2단계 속담의 분류

2단계 異形同意 형태는 다르나 의미는 같은 속담으로 모국어에 있어서는 두 개의 서로 다른 것으로 존재해 있는데 외국어에 있어서는 하나의 항목으로 합쳐서 있는 언어항목들을 가리키며, 합동의 문제점이라한다. 이런 경우에 학습자는 원래는 둘로 갈라져 있던 규칙을 하나로 합치는 일만 하면 되기 때문에 별다른 어려움을 겪지 않는다. 중국어에 있는 언어항목이 한국어에도 있기는 있되 그것이 쓰이는 자리, 즉 그것의 분배가 서로 간에 똑같지 않는 경우를 가리켜서 재해석의 문제점이라고 한다. 또한 여기서 형태가 다르다는 것은 주로 지시물이 다르거나 다른 형식으로 표현한 것을 말한다.[41] 뜻이 같고 표현형식이 다름에도, 속담 즉 외형에 있어서 아무런 유사점이 없음에도 불구하고 그 정신에

---

41) 의미가 같은 속담을 서로 다르게 표현하는 데는 여러 가지 원인이 있을 수 있다. 예를 들면 문화적 요인, 심리적 요인, 생활 습관적 요인, 종교적 요인, 심미적 요인 등등.

있어서 유사점이 큰 것이다. 한중 양국이 좁은 강을 낀 이웃나라이며 같은 동방민족으로서 문화, 풍습, 역사가 다르면서도 비슷하고 특히 생활상, 신념, 풍습 등은 다르면서도 공통점이 많다. 중국에서 수입된 속담이 있었지만 순 한국말을 사용해서 자기감정 세계에 맞게 민족의 특색을 살리도록 창조된 것도 많다.[42] 이러한 속담은 다음과 같다.

1) 가는 말이 고와야 오는 말이 곱다	人心換人心 人情換人情
2) 하늘의 별 따기	比登天还难
3) 낮말은 새가 듣고 밤 말은 쥐가 듣는다	隔墙有耳
4) 말 한 마디에 천 냥 빚 갚는다	会说的说活了不会说的说跳了
5) 식은 죽 먹기	小菜一叠
6) 티끌 모아 태산	积少成多 聚沙成塔
7) 세 살 적 버릇 여든까지 간다	狗改不了吃屎
8) 원숭이도 나무에서 떨어진다	人有失手 马有失蹄
9) 백지장도 맞들면 낫다	人多力量大
10) 쇠귀에 경 읽기	对牛弹琴
11) 누워서 떡 먹기	易如反掌
12) 개구리 올챙이 적 생각 못한다	丢掉讨饭棍忘记叫街时
13) 금강산도 식후경	民以食为天
14) 하룻강아지 범 무서운 줄 모른다	初生牛犊不怕虎
15) 하늘이 무너져도 솟아날 구멍이 있다	天无绝人之路
16) 꿩 먹고 알 먹기	一箭双雕

---

42) 녹신(1996:48) 참조.

17) 배보다 배꼽이 더 크다   得不偿失

18) 윗물이 맑아야 아랫물이 맑다   上梁不正下梁歪

19) 고래 싸움에 새우 등 터진다   城门失火殃及池鱼

20) 공든 답이 무너지랴   皇天不负有心人

21) 낫 놓고 기역자도 모른다   目不识钉

22) 발 없는 말이 천리 간다   好事不出门,坏事传千里

23) 호랑이한테 물러가도 정신만 차리면 산다   留的青山在不怕没柴烧

24) 호랑이도 제 말하면 온다   说曹操曹操到

25) 병 주고 약 준다   打一巴掌揉三揉

26) 싼 게 비지떡   便宜没好货

27) 갈수록 태산이다   举步为艰

28) 우물을 파도 한 우물을 파라   莫学灯笼千只眼,要学蜡烛一条心

29) 팔은 안으로 굽는다   胳膊肘往外拐

30) 도토리 키 재기   半斤八两

31) 열 길 물속은 알아도 한 길사람 속은 모른다   知人知面不知心

32) 열 손가락 깨물어 안 아픈 손가락 없다   手心手背都是肉

33) 잘 되면 제 탓 못되면 조상 탓   好事身上揽坏事门外推

34) 달면 삼키고 쓰면 뱉는다   好事身上揽坏事门外推

35) 서당 개 삼 년이면 풍월을 읊는다   学会唐诗三百首不会做诗也会编

36) 가재는 게 편이다   物以类聚人以群分

37) 꼬리가 길면 밟힌다   要想人不知除非己莫为

38) 땅 짚고 헤엄치기   十拿九稳

39) 뛰는 놈 위에 나는 놈 있다   人外有人天外有天

40) 모르는 게 약이다   知事少时烦恼少识人多时是非多

41) 빈 수레가 더 요란하다	一瓶子不满半瓶子晃荡
42) 쇠뿔도 단김에 빼라	趁热打铁
43) 업은 아이 삼년 찾는다	骑驴找驴
44) 엎질러진 물	生米煮成熟饭
45) 옥에 티	金无足赤人无完人
46) 쥐구멍에도 볕들 날 있다	瓦片也有翻身日困龙也有上天时
47) 지성이면 감천이다	精诚所至 金石为开
48) 걱정도 팔자다	庸人自扰
49) 도둑이 제 발 저리다	做贼心虚
50) 옷이 날개다	人靠衣装 马靠鞍
51) 불난 집에 부채질 한다	火上浇油
52) 아니 땐 굴뚝에 연기날까	无风不起浪
53) 꿀 먹은 벙어리	哑巴吃黄连--有口难言
54) 귀한 자식 매로 키워라	棍棒下出孝子
55) 길고 짧은 것은 대보아야 안다	路遥知马力 日久见人心
56) 누워서 침 뱉기	搬起石头砸自己的脚
57) 산에 가야 범을 잡지	不入虎穴焉得虎子
58) 아닌 밤중에 홍두깨	莫名其妙
59) 지렁이도 밟으면 꿈틀한 다	人急造反狗急跳墙

제시된 속담을 보면 '말 한마디에 천 냥 빚 갚는다.', '가는 말이 고와야 오는 말 곱다.', '낮말은 새가 듣고 밤 말은 쥐가 듣는다.' 등 말과 관련된 속담이 많이 등장하고 있다. 말은 사람이 살아가는 데 있어서 가장 중요한 의사 표현 수단이다. 말로써 사람은 인간 관계를 형성하기 때문에

말 한 마디로 인하여 사람과 가까워질 수도 있고 멀어질 수도 있다. 따라서 말 한 마디 한 마디를 조심히 하라는 경각심을 깨우기 위해서 예부터 말에 관한 속담이 많다.

[예시 20]

〈한국속담〉 가는 말이 고와야 오는 말이 곱다

〈중국속담〉 人心換人心, 人情換人情

위에서 제시한 기준으로 분석한다면 '가는 말이 고와야 오는 말이 곱다'에 대응하는 중국어는 '你不说他禿他不说你瞎, 人心換人心, 人情換人情' 등 세 가지로 나눌 수 있다. 말은 사람이 살아가는데 있어서 가장 중요한 의사 표현 수단이다. 사람은 말을 통해 인간관계를 형성하기 때문에 말 한마디로 인하여 사람과 가까워질 수도 있고 멀어질 수도 있다.[43] 따라서 말 한마디 한마디를 조심히 하라는 경각심을 깨우기 위해서 예부터 말에 관한 속담이 많다는 점을 알 수 있다. 이 속담은 중국어에서 유래되어, 문법이 간단하면서 표현 의미 등이 비슷하기 때문에 중국인 학습자에게는 크게 어렵지 않을 것이다.

[예시 21]

〈한국속담〉 낮말은 새가 듣고 밤 말은 쥐가 듣는다

〈중국속담〉 隔墙有耳

---

43) 장지정(2008:43) 참조.

또한 '낮말은 새가 듣고 밤 말은 쥐가 듣는다'는 중국 속담에서 두 개와 대응한다. '隔墙有耳(벽에도 귀가 있다)' 및 '要想人不知,除非己莫为'과 의미가 유사하지만 중국 속담의 표현이 한국 속담과 전혀 다르게 '사람의 신체부위-귀'로 표현했다. 이러한 속담은 민족성에 맞게 사물을 자기의 속담 구조 가운데 편입시켰다는 것을 알 수 있다. 이를 통해서 학습자 스스로 양국 속담의 차이인 것을 스스로 찾아 낼 수 있게끔 가르쳐야 한다.44)

[예시 22]
〈한국속담〉 금강산도 식후경
〈중국속담〉 民以食为天

속담 '금강산도 식후경'에서 중국 학습자들은 "금강산이 무슨 산인가? 먹는 것과 무슨 상관인가?" 등의 의혹을 가지기 마련이다. 금강산은 현재 북한에 있는 명산이다. 이 속담은 아무리 좋은 것, 재미있는 것이 있더라도 배가 부르고 난 뒤에라야 좋은 줄 알지, 먹지 않고는 좋은 것이 없다는 의미다. 이 속담과 같이 역사, 생활풍습, 감정세계 표현에 알맞은 속담이 자기의 감정세계를 표현한다. 자기 민족의 독특한 정서 심리를 함께 포함하고 있으며 민족의 특색을 키운다. 그래서 이런 점에서 "그 민족을 알려면 그 속담을 알아야 하며 그 속담을 모르고는 그 민족을 알 수도 이해할 수도 없을 것이다."45) 한국과 중국의 역사, 지리, 문화, 풍습의 많은 부분이 다르기 때문에 한국 특유의 문화와 관련된

---

44) 왕명각, 「한 중 속담 비교연구」, 부산외대석사논문, 2007, p.28.
45) 李基文, 『俗談辭典』, (출판사), 1962.

부분은 중국 학습자에게 있어서 이해가 어려운 부분이기도 하다.

[예시 23]
〈한국속담〉 호랑이도 제 말 하면 온다
〈중국속담〉 说曹操曹操到

'호랑이도 제 말 하면 온다'는 속담 대응하는 중국어 속담이 '조조도 제 말하면 온다'(说曹操曹操到)다. 뜻은 같지만 표현형식이 다르다. 중국어에서는 '조조(曹操)도 제 말하면 온다'는 누구에 대해 말하고 있는데 바로 그 사람이 온다는 뜻을 표현한다. 중국의 속담 성어 등 통해서 중국 한족의 걸어온 길에 대한 추억으로 남을 역사 인물이나 역사 이야기를 많이 담고 있다는 것은 쉽게 알 수 있을 것이다. 문화적으로 보면 중국속담과 한국 속담의 차이라 볼 수 있다. 여기서도 한국어 속담 실제 제시한 내용을 파악하고 이해해야 할 필요가 있다. 윤광봉이 "옛부터 한국은 호랑이가 많이 살고 있는 지역으로 알려져 있다,......한국에서는 신성성이 곁들어있는 신성동물로 섬겨왔다"[46]라고 말한 바와 같이 한국의 호랑이도 중국 속담처럼 무서운 동물로 나타나고 있다. 그리고 한국 속담에서는 호랑이의 친근한 면과 귀여운 면도 많이 보여주고 있다. "어쨌든 신화 속에서 인간 변신에 실패한 호랑이는 진짜 인간들에게 친근하게 다가와 각자 마음에 드는 상을 대신하여 선과 악을 겸비한 동물로 대두되어 사람들의 입에 자주 오르게 되었다"라고 적은 것에

---

46) 윤광봉(1997:110), "어쨌든 신화 속에서 인간 변신에 실패한 호랑이는 진짜 인간들에게 친근하게 다가와 각자 마음에 드는 상을 대신하여 선과 악을 겸비한 동물로 대두되어 사람들의 입에 자주 오르게 되었다"라고 적은 것에서 그 이유를 찾을 수 것이다.

서 그 근거를 찾아볼 수 있다. 호랑이 언급한 속담이 동물에 관한 속담 중 큰 비중 차지고 있다. 옛부터 한국인들이 '호랑이'는 동물의 왕이며 가장 위엄하고 무서운 동물이라고 여겨왔다. 최초에 호랑이 관한 기록을 「단군신화」와 「삼국사기」[47]에서 찾아 볼 수 있다. 위에 제시한 속담과 같이 '호랑이도 제 말하면 온다', '호랑이한테 물려가도 정신만 차리면 산다' 등 호랑이에 관한 속담을 제시하면서 학습자의 동기 유발을 도모하며, 속담의 형태나 의미의 공통점을 중심으로 상호 문화적 이해를 통한 학습이 이루어질 수 있도록 지도해야 된다.

[예시 24]
〈한국속담〉 원숭이도 나무에서 떨어진다
〈중국속담〉 老虎也有打盹的时候

각 민족은 자체의 익숙한 사물 환경 풍속 습관을 소재로 이용하여 각양각색의 의미를 나타내는데 이런 속담들은 표현적 의미에 있어서 아무런 관련이 없는 것 같다. 그러나 그럼에도 불구하고 내포하는 의미가 유사하다. 형식이 다르지만 의미가 같은 부류는 문화언어적인 원인이라고 생각된다. 여기서 중국 속담에서는 가장 무서운 동물을 호랑이로 표현하고 있으며 한국에서는 원숭이로 표현하는 것은 알 수 있다.

---

47) 『三国史记. 新罗本记』中记载, 老虎猛然跃至宫阙之庭院, 放知其野兽性.

3.1.3. 3단계 속담의 분류

3단계 同形異意는 형식은 같으나 의미가 다른 속담을 말하는 것이다. 예를 들면 한국 속담 '등잔 밑에 어둡다'와 중국속담 '登台不自照(등불은 자기를 비추지 못한다: 다른 사람의 단점을 보고 자기의 결점을 보지 못한다는 뜻) 이 같은 형식인데 의미가 다른 것은 한국과 중국이 사물을 바라보는 관점과 견해에 차이가 있기 때문이라고 한다.

1) 등잔 밑이 어둡다   灯下不明
2) 소 잃고 외양간 고친다   亡羊补牢

[예시 25]
〈한국속담〉 등잔 밑이 어둡다
〈중국속담〉 灯下不明

이 속담의 표면상에서 나타나는 의미는 등잔 밑은 빛이 매우 가깝지만 매우 어둡다는 것이다. 중국에서는 '灯下不明' 다른 사람의 단점을 보고 자기의 결점을 보지 못한다는 비유적인 뜻으로 많이 쓰인다. 반면에 한국에서는 중국어 속담과 형식은 같지만 뜻이 두 개를 지니고 있다. 하나는 '가까이 있는 것이 도리어 알기 어렵다'는 말이다. 또 하나는 '남의 일은 잘 알 수 있으나 자기의 일은 제가 잘 모른다.'는 말로 쓰인다. 두 번째 의미는 중국어 속담이랑 의미가 같지만 많이 쓰지 않는다. 즉 자기 주변이나 가까운 사람, 혹은 사실을 오히려 더 잘 모른다는 의미로 더 많이 사용한다. 여기서 양국 속담 표현과 의미는 똑같지만 사용할 때가 다르다는 것을 발견할 수 있다. 이와 같은 다른 점은 한국과 중국이 사물을 바라보는 관점과 견해에 차이가 있기 때문이라고 볼 수 있으면 이것은 양국 간 사상의 차이를 보여주고 있다.

[예시 26]
〈한국속담〉 소 잃고 외양간 고친다
〈중국속담〉 亡羊補牢

'亡羊補牢'는 중국인 학습자가 모어를 사용할 때 많이 사용하는 속담 중 하나이다. 한국 속담에서 한민족의 대표 동물 소대신 양에 비유하고 같은 의미로 표현하고 있다. 여기서 중국어에서 유입되어 큰 영향 받은 것을 알 수 있다. 중국 속담에 양이 등장하는 것은 陰陽五行說[48]의 영향

---

48) 고대 중국의 세계관의 하나. 음양설과 오행설은 발생을 달리하는 다른 사상이었으나, 전국시대(戰國時代) 말기 이후 융합되어 음양오행설이 되었고, 특히 한(漢)나라 때 사상계에 큰 영향을 끼쳤다. 음양설은 음양이기(陰陽二氣)의 소장(消長)에 의해 만물의 생성과 변화를 설명하는 사상으로, 이것을 역학에서 받아들여 그 기본원리로 하였는데, 음양은 본래 산의 음지와 양지를 가리켰다. 역학은 본래 강(剛)과 유(柔)의 원리로 생성변화를 설명했으나, 후에 강유(剛柔) 대신에 음양을 받아들였고 여기에 순환사상이 추가되었다. 이것은 천체의 운행과 사계(四季)의 추이에서 고찰해낸 것으로 보인다. 한편, 오행설은 고대인의 생활에 필요한 5가지 소재, 즉 민용오재(民用五材)의 사상에 기초한 설이다. 생활에 직접적인 수화(水火)로 시작하여 목금(木金)에 이르며, 그 기반이 되는 토(土)로 끝난다. 이 수화목금토(水火木金土)의 순서는《서경(書經)》<홍범편(洪範篇)>에 있는데 생성오행(生成五行)이라 한다. 이 오재설에 대하여 전국시대 중기의 음양가 추연(鄒衍)이 주장한 것이 토목금화수(土木金火水)라는, 뒤에 오는 것이 앞에 있는 것을 이긴다는 오행상승(五行相勝 ; 五行相剋)에 의한 오덕종시설(五德終始說)이다. 또 천문역수(天文曆數)의 학(學)과 관련이 있는《예기(禮記)》<월령편(月令篇)>에는 사시(四時)와 사방(四方)의 관념에 의해 목화토금수(木火土金水), 즉 앞에 있는 것에서 뒤에 있는 것이 생긴다는 오행상생(五行相生)의 차서(次序)가 기록되고, 많은 배당을 할애하여 기록하고 있다. 오행의 <행(行)>은 <순회한다>로 유행(流行), 운행하는 것이고, <오(五)>는 오성(五星)·오색(五

을 받았기 때문이다. 한국 문화에서 소는 뗄 수 없는 관계 및 한국 사회의 농경문화를 반영하게 되었다. 한국에서는 '소 잃고 외양간 고치다'를 '이미 일을 끝난 뒤에 뉘우쳐도 소용이 없다는 뜻'으로 사용하지만 중국어에서는 '亡羊补牢, 尤为迟也'라는 형태로 '일을 끝난 뒤에라도 제때에 뉘우치고 고치면 늦지 않았다'라는 의미로 사용하고 있다. 이는 비슷한 형태로 표현되지만 그 의미가 조금 다른 것을 발견할 수 있다. 속담이 중국성어에 서 유입된 것이라서 이 속담을 공부하고 사용할 때 자연스럽게 구사할 수 있을 것이다. 의미는 같지만 한국어에서 표현 형태가 다르고 대칭물이 양 대신 소로 표현되었다. 선정할 때 같은 의미라도 많은 사람들이 관용적으로 사용하는 기본적인 의미만을 선정해야 한다.[49)]

3.1.4. 4단계 속담의 분류

4단계 異意異形는 형식과 의미에서 서로 유사점을 찾을 수 없는 속담

色)·오미(五味)·오성(五聲) 등 다방면에서 실행된 하나의 사고(思考) 틀이다. 이것은 사람의 한쪽 손의 손가락 수에서 연유된 것이라 하여 하나의 종합을 나타내는 표준이다 〈그림 1〉. 이 음양오행은 십간(十干)·십이지(十二支)·육십사괘(六十四卦) 그리고 천일(天一)·지이(地二) 등의 수와 결부되고 거기에 재이설(災異說)과 참위설(讖緯說) 등이 서로 영향을 미치면서 변화하였고 미신·금기의 색채가 짙게 가미되어 뒤에 민간신앙 속에 수용되었다.

49) 이종철(1998:84)에서는 속담 형태는 등재형, 활용형, 변형형으로 나누었으며, 교육용 속담 선정기준 중의 하나가 기본 의미가 본래대로 잘 유지되는 속담을 선정하여야 한다고 하였다. 예를 들면 중국사서 「战国策」에 "亡羊而补牢, 尤为迟也"은 '소 잃고 외양간 고친다'라는 속담이 있다. 그로부터 사람들이 자기의 실제 상황에서 이런 속담의 의미와 잘 맞는 경우가 있을 때 '도둑놈 보고 사립 고친다', '소 잃고 외양간 고친다', '도둑놈 보고 새끼 꼰다' 등 비슷한 표현을 쓴다. 그러나 이런 변형형은 교육용 속담으로 선정할 필요가 없다고 본다.

이다. 모국어에는 없는 언어항목이 외국어에는 있게 되면 과잉 세분화의 문제점이 발생하게 되는데, 이런 문제점은 일반적으로 보았을 때 형식과 의미 분배 등의 모든 면에 있어서 전적으로 새롭다는 이유 하나만으로 학습자에게 높은 수준의 어려움의 원천이 되게 마련이다.[50] 즉 모국어 중국어 중 대응하는 속담이 없는데 외국어 한국어에서 속담이 있는 경우다. 이런 속담들은 다음과 같다.

1) 떡 줄 사람 생각도 않는데 김칫국부터 마신다.

老虎还在山上已经把皮自卖了

2) 핑계 없는 무덤이 없다　　存心要回避不怕没借口

3) 울며 겨자 먹기　　　　　　边哭边吃芥末

4) 말이 씨가 된다　　　　　　话会成为种子

5) 친구 따라 강남 간다　　　　跟着朋友去江南

6) 미운 놈 떡 하나 더 준다　　讨厌的孩子多给他一个糕

7) 보기 좋은 떡이 먹기도 좋다　看着好吃的糕吃起来也好吃

8) 비 온 뒤에 땅이 굳어진다　　下过雨的地会变的更结实

9) 같은 값이면 다홍치마　　　　一样的价格当然是大红裙子

10) 구관이 명관이다　　　　　　前官是清官

11) 꿈보다 해몽이 좋다　　　　　梦的不好圆的倒是不错

12) 떡 본 김에 제사 지낸다　　　借花献佛

13) 아무리 바빠도 바늘허리 매어 못 쓴다

再怎么忙也不能把线绑到针腰上用

---

50) 김진우(216~218).

14) 물에 빠지면 지푸라기라도 잡는다 　　　掉入水里连稻草也想抓住

15) 꿩 대신 닭 　　　　　　　　　　　　　　比喻退而求其次

[예시 27]

〈한국속담〉 보기 좋은 떡이 먹기도 좋다

〈중국속담〉 看着好吃的糕吃起来也好吃

'보기 좋은 떡이 먹기도 좋다', '미운 놈 떡 하나 더 준 다'등 떡에 관한 속담이 많이 실린 것을 알 수 있다. 여기서 보기에 입맛이 당겨야 먹기에도 좋다는 뜻으로, 내용이 좋으면 겉모양도 반반하다는 말로 쓰인다. 겉모양이 좋아야 내용도 좋다는 뜻으로 많이 쓰인다. 떡은 한국 사람들이 좋아하는 민족음식이며 가장 중요한 음식 중의 하나이므로 한국에서 떡에 관한 속담을 쉽게 찾아볼 수 있다. 하지만 중국 속담에는 떡으로 지시하는 속담 없기 때문에 학습자는 어렵다고 느끼므로 반드시 설명이 필요하다. 중국에서 전통적인 떡이 없기 때문에 떡에 관한 속담이 없다. 따라서 중국인 학습자가 이해하기 어려움을 겪게 될 것이고 떡에 관한 속담을 설명할 때에는 한국 전통적인 문화에 대해서도 함께 제시할 필요가 있다고 본다. 중국인 학습자 특히 중국 내 학습자들한테 속담을 제시하면서 한국에 대한 문화를 이해시켜 주면서 깊은 인상을 가질 수 있도록 가르쳐야 한다. 그렇지 못하면 학습자들은 제대로 한국의 문화를 이해 못하고 대응하는 속담도 제대로 활용하기 어려울 것이다.

이와 같은 한국문화 담긴 속담들을 학생들에게 뜻을 전할 때 이해하게 하는 것도 중요하지만 그 속에 담긴 내용의 정수(精髓)를 똑바로 알고 쓰게 하는 것 또한 중요하다고 생각된다. 속담은 오랜 기간 내려오면서 형성된 역사적 산물이기에 그 어떤 사회 현실과 연관되어 있으며 또 일정한 현상을 반영하고 있기 때문이다. 오늘날 내려와서 의미가 변화하거나 긍정적 의의를 지니고 있는 것은 그냥 쓸 수 있으나 그릇된 것, 부정적인 것, 시대에 뒤떨어진 것은 함부로 쓰지 말아야 할 것이다.[51]

3.2. 단계별 교육용 속담의 선정

3.2.1. 초급 단계용 속담

초급 단계 학습자는 한국어에 대한 호기심도 높고 학습에 대한 열의도 있으나 반면에 한국어에 대한 두려움도 있다. 한국어 실력이 아직 많이 부족해서 속담 교육에 한계가 있다.[52] 따라서 이 단계에서는 한국 일상생활에 적응하는 상황에서 필요한 어휘 및 대화로 구성되어야 한다. 이 과정에서 '그림의 떡', '우물 안 개구리'와 같이 문장이 간결하면서도 의미가 중국어로 그대로 이전하면 되는 명확한 속담을 제시하여야 한다. 실제 생활 속에 적용되면서도 학습자 스스로 충분히 습득하고 이해할 수 있을 것이다. 이 과정에서 교사 실제 상황에서 수시로 속담

---

51) 녹신(1996:51) 재인용.
52) 이유선(2006:36)에서는 초급 단계에서 지도하는 속담은 교사가 자주 사용하는 것이 좋다. 그래서 어떠한 상황에서 쓰이는 속담인지 다시 인지시켜 주고 또 암기할 수 있도록 도와준다. 초급 단계는 배우는 어휘나 문법들을 쉽게 잊어버릴 수 있기 때문이다. 그래서 교사는 이미 배운 속담을 의식적으로 사용하도록 한다고 말했다.

을 지도하여야 하는 것을 중점으로 두어야 한다. 대응하는 상황에서 자연스럽게 속담을 교육을 도입하고 학습자의 흥미를 유발하는 효과가 있다. 뿐만 아니라 일단 학습자 중국어로 대응하는 속담을 알고 이해하고 적절한 상황에서 사용하게 되면 한국어 학습이나 속담 학습에 대한 두려움을 쉽게 해소시킬 수 있다. 하지만 초급 학습자는 한국어의 지식이 부족하기 때문에 학습한 속담을 교사가 반드시 설명해야 한다.

1) 그림의 떡	画中之饼
2) 우물 안 개구리	井底之蛙
3) 돌다리도 두드려 보고 건너라	摸着石头过河
4) 천리 길도 한 걸음부터	千里之行 始于足下
5) 입에 쓴 약이 몸에 좋다	良药苦口利于病, 忠言逆耳利于行
6) 고생 끝에 낙이 온다	苦尽甘来
7) 벼는 익을수록 고개를 숙인다	虚怀若谷
8) 먼 사촌보다 가까운 이웃이 낫다	远亲不如近邻
9) 시작이 반이다	好的开始是成功的一半
10) 웃는 낯에 침 못 뱉는다	伸手不打笑脸人
11) 수박 겉핥기	西瓜啃皮, 难知好坏
12) 열 번 찍어 안 넘어가는 나무 없다	人不经百语, 树不经百斧
13) 작은 고추 맵다	辣椒是小的辣
14) 하나를 보면 열을 안다	举一反三, 见一知十

3.2.2. 중급 단계용 속담

중급 단계는 속담의 실제 내용을 파악하고 이해의 단계이다. 이 단계에서는 학습자의 동기 유발을 유도하며 속담의 형태나 의미의 공통점을 중심으로 상호 문화적 이해를 통한 학습이이루어질 수 있도록 해야 한다.[53] 이와 같이 본고에서 한국 문화가 담기긴 했지만 어휘에 관하여 속담을 지도한다. 한국 문화를 모두 이해하기에는 어휘가 많이 부족하고, 때문에 이해가 더디다. 한국 문화가 담겨 있기는 하나 중국에서도 접할 수 있는 또는 한국에서 경험해 본 어휘들을 교육한다면 더욱 수월하게 학습할 수 있을 것이다. 예를 들면 '뛰는 놈 위에 나는 놈 있다', '빈 수레가 더 요란하다' 등이 있다. 또한 한국의 화폐 단위나, 거리의 단위, 음식에 관한 속담들도 중급에서 다루는데 과거의 단위를 현재의 단위로 바꾸거나 중국 음식으로 바꾸어 속담을 변형시키면 더욱 흥미롭고 쉽게 속담을 기억할 수 있을 것이다. 이와 같은 속담을 중급으로 분류하고 제시하면 다음과 같다.

1) 가는 말이 고와야 오는 말이 곱다　　　人心换人心　人情换人情
2) 하늘의 별 따기　　　　　　　　　　　　　　　比登天还难
3) 낮말은 새가 듣고 밤 말은 쥐가 듣는다　　　　　隔墙有耳
4) 말 한 마디에 천 냥 빚 갚는다　　　会说的说活了不会说的说跳了
5) 식은 죽 먹기　　　　　　　　　　　　　　　　小菜一叠
6) 티끌 모아 태산　　　　　　　　　　　　积少成多　聚沙成塔

---

53) 장지정(2008:73) 참조.

7) 세 살 적 버릇 여든까지 간다 　　　　　　狗改不了吃屎

8) 원숭이도 나무에서 떨어진다 　　　　　人有失手 马有失蹄

9) 백지장도 맞들면 낫다 　　　　　　　　　　人多力量大

10) 쇠귀에 경 읽기 　　　　　　　　　　　　　对牛弹琴

11) 누워서 떡 먹기 　　　　　　　　　　　　　易如反掌

12) 개구리 올챙이 적 생각 못한다 　　丢掉讨饭棍忘记叫街时

13) 금강산도 식후경 　　　　　　　　　　　　民以食为天

14) 하룻강아지 범 무서운 줄 모른다 　　　初生牛犊不怕虎

15) 하늘이 무너져도 솟아날 구멍이 있다 　　　天无绝人之路

16) 꿩 먹고 알 먹기 　　　　　　　　　　　　一箭双雕

17) 배보다 배꼽이 더 크다 　　　　　　　　　　得不偿失

18) 윗물이 맑아야 아랫물이 맑다 　　　　　上梁不正下梁歪

19) 고래 싸움에 새우 등 터진다 　　　　　城门失火殃及池鱼

20) 공든 탑이 무너지랴 　　　　　　　　　皇天不负有心人

21) 낫 놓고 기역자도 모른다 　　　　　　　　目不识钉

22) 발 없는 말이 천리 간다 　　　　　好事不出门,坏事传千里

23) 호랑이한테 물려가도 정신만 차리면 산다 　留的青山在不怕没柴烧

24) 호랑이도 제 말하면 온다 　　　　　　　说曹操曹操到

25) 병 주고 약 준다 　　　　　　　　　　打一巴掌揉三揉

26) 싼 게 비지떡 　　　　　　　　　　　　便宜没好货

27) 갈수록 태산이다 　　　　　　　　　　　举步为艰

28) 우물을 파도 한 우물을 파라 　莫学灯笼千只眼,要学蜡烛一条心

29) 팔은 안으로 굽는다 　　　　　　　　　胳膊肘往外拐

30) 도토리 키 재기 　　　　　　　　　　　半斤八两

31) 열 길 물 속은 알아도 한 길 사람 속은 모른다　知人知面不知心

32) 열 손가락 깨물어 안 아픈 손가락 없다　手心手背都是肉

33) 잘 되면 제 탓 못되면 조상 탓　好事身上揽坏事门外推

34) 달면 삼키고 쓰면 뱉는다　好事身上揽坏事门外推

35) 서당 개 삼 년이면 풍월을 읊는다　学会唐诗三百首不会做诗也会编

36) 가재는 게 편이다　物以类聚人以群分

37) 꼬리가 길면 밟힌다　要想人不知除非己莫为

38) 땅 짚고 헤엄치기　易如反掌

39) 뛰는 놈 위에 나는 놈 있다　人外有人天外有天

40) 모르는 게 약이다　知事少时烦恼少识人多时是非多

41) 빈 수레가 더 요란하다　一瓶子不满半瓶子晃荡

42) 쇠뿔도 단김에 빼라　趁热打铁

43) 업은 아이 삼년 찾는다　骑驴找驴

44) 엎질러진 물　生米煮成熟饭

45) 옥에 티　金无足赤人无完人

46) 쥐구멍에도 볕들 날 있다　瓦片也有翻身日困龙也有上天时

47) 지성이면 감천이다　精诚所至 金石为开

48) 걱정도 팔자다　庸人自扰

49) 도둑이 제 발 저리다　做贼心虚

50) 옷이 날개다　人靠衣装 马靠鞍

51) 불난 집에 부채질 한다　火上浇油

52) 아니 땐 굴뚝에 연기 날까　无风不起浪

53) 꿀 먹은 벙어리　哑巴吃黄连--有口难言

54) 귀한 자식 매로 키워라　棍棒下出孝子

55) 길고 짧은 것은 대보아야 안다　　　　路遥知马力 日久见人心

56) 누워서 침 뱉기　　　　　　　　　　搬起石头砸自己的脚

57) 산에 가야 범을 잡지　　　　　　　　不入虎穴焉得虎子

58) 아닌 밤중에 홍두깨　　　　　　　　　　　　莫名其妙

59) 지렁이도 밟으면 꿈틀한 다　　　　狗急跳墙人急造反

3.2.3. 고급단계 교육용 속담

고급 단계에서는 한국의 문화가 담긴 속담을 지도하도록 한다. 한국 문화를 모르면 이해할 수 없는 속담들이 이에 속한다. 예를 들면 '떡 줄 사람 생각도 않는데 김칫국부터 마신다', '보기 좋은 떡이 먹기도 좋 다', '떡 본 김에 제사 지낸다', '미운 놈 떡 하나 더 준다.'등이 있겠다. 한국의 문화뿐만 아니라 한국의 지리나 역사를 알아야 이해되는 속담 들이다. (이유선 2007:36). 해당 언어의 문화를 모르고서는 그 언어의 속담을 제대로 이해할 수가 없으므로 속담을 선정할 때 문화요소의 반 영도 역시 필수적이라고 할 수 있다. 학습자들이 속담을 통하여 한국의 전통과 일상생활을 간접적으로 경험하고 이해할 수 있도록 선정하여야 한다. 한국인의 가정생활, 직장, 학교, 관혼상제, 여가문화, 식생활, 정 서 등을 골고루 반영되는 속담들 중심으로 학습하여야 한다. 고급단계 제시된 속담목록은 역사 문화적인 배경을 가진 것들이 많이 출현하는 편이다. 이와 같은 속담은 다음과 같이 제시한다.

　1) 떡 줄 사람 생각도 않는데 김칫국부터 마신다

　　　　　　　　　　　老虎还在山上已经把皮自卖了

2) 핑계 없는 무덤이 없다   存心要回避不怕没借口

3) 울며 겨자 먹기   边哭边吃芥末

4) 말이 씨가 된다   话会成为种子

5) 친구 따라 강남 간다   跟着朋友去江南

6) 미운 놈 떡 하나 더 준다   讨厌的孩子多给他一个糕

7) 보기 좋은 떡이 먹기도 좋다   看着好吃的糕吃起来也好吃

8) 비 온 뒤에 땅이 굳어진다   下过雨的地会变的更结实

9) 같은 값이면 다홍치마   一样的价格当然是大红裙子

10) 구관이 명관이다   前官是清官

11) 꿈보다 해몽이 좋다   梦的不好圆的倒是不错

12) 떡 본 김에 제사 지낸다   借花献佛

13) 아무리 바빠도 바늘허리 매어 못 쓴다

                              再怎么忙也不能把线绑到针腰上用

14) 물에 빠지면 지푸라기라도 잡는다   掉入水里连稻草也想抓住

15) 꿩 대신 닭   比喻退而求其次

16) 등잔 밑이 어둡다   灯下不明

17) 소 잃고 외양간 고친다   亡羊补牢

Ⅳ 중국 내 학습자를 위한
속담 교육 방안

　지금까지 한국어 교육에서 속담 교육에 관한 현황을 살펴보았다. 분석 결과 속담 교육이 다른 어휘 분야보다 소홀히 다루어지고 있는 것을 알 수 있었다. 선행연구에서 같이 중국 내 한국어 교육에서 속담의 중요성이 중요시하지 못하고 많이 부족하다. 그럼에도 불과하고 속담은 한국인의 일상생활에서 TV 드라마, 신문, 광고문구 등 통해서 다양하고 일상적인 분야에 노출되어 있다. 이에 따라서 외국인 학습자들이 일상 언어생활에서 쓰이는 속담을 정확하게 이해하고 능숙하게 구사할 수 있도록 교사는 지도해야 할 것이다. 즉 단순히 속담의 의미만을 이해시키는 것이 아니라 속담의 의미를 이해한 바탕 위에 그것을 적절한 상황에서 구사할 수 있도록 하는 '사용'의 단계에 이르도록 지도되어야 한다는 것이다. 이 장에서 중국 내 학습자를 위하여 단계별로 수준 맞는

지도 방안을 마련하고자 한다.

속담의 의미는 실제 사용에서 화자와 청자의 인지 속에 어떤 정보와 개념을 포함하고 있느냐, 또 그 것 중에 무엇을 선택하느냐에 의해 달라진다. 또 속담의 의미를 서로 다르게 파악하고 있다면, 속담 표현을 통한 두 사람간의 의사소통은 원활하게 이루어 질 수 없을 것이다. 속담 지도할 때에는 먼저 속담의 기본 개념을 정확히 파악하고 그 의미를 점검해 보는 과정이 필요하다고 본다. 그리고 그 다음 단계로 학습자가 속담을 다양한 실제 상황에 적용하고 창의적으로 사용할 수 있도록 도와야 할 것이다.[54]

단계별로 제시할 때 중국 내 학습자의 수준에 맞게끔 속담의 길이, 문법, 난이도, 어휘의 수준 등을 고려하여 지도방법을 제시하여야 한다. 학습 내용과 연관된 속담 제시를 통해 학습자의 동기 유발을 도모한다. 중국어와 한국어의 속담 비교-형태나 의미의 공통점을 중심으로 하는 것이 좋다. 이를 통해서 상호 문화적 이해를 중심으로 전통 문화 뿐만 아니라 한국의 현대문화 등 충분히 고려하여 지도하는 것이 좋다. 이때 속담에 설명 중국어로 이루어지면서 중국어에서 속한 같은 속담 비교하면서 제시하는 것이 더욱 좋다.

고급 단계에서는 중국 내 학습자들은 일상생활의 어휘를 많이 알고 있는 상태이고 말하기는 많이 부족하지만 듣기에는 어느 정도 자신감을 갖고 있을 것이다. 따라서 두 문화의 표현 생활양식 등 차이점에 중점으로 두고 다양한 속담을 통하여 그 속의 가치관과 세계관을 이해하도록 해야 한다. 이 단계에서 한국문화가 담겨 있고 중국어와 많이

---

54) 서현석, 「'다공간 모형'을 활용한 속담 지도 방안」, 한국어문교육 제12집, 2003, p.371.

다르거나 한국의 역사 정치 지리 등 고유문화를 충분히 반영하는 속담을 지도하고 학습자들이 이해하고 활용할 수 있도록 지도하는 것은 좋다. 학습자 실제 언어생활에 있어서 속담을 이용해서 원활한 의사 교환할 수 있도록 목표를 갖도록 해야 된다.

한국어교육에서의 선행연구들 보면 유덕자(1997), 문금현(1998)등은 관용표현에 대한 교육 방법을 모색한 바 있다. 박진경(2004)은 교수 학습 모형을 '제시 - 설명 - 연습 - 활용 - 보충 - 심화'단계로 제시하였고 김선정 · 김성수(2006)에서는 한 과의 구성을'제시 - 설명 - 활동예문 - 연습 - 활용 - 보충 · 심화'단계로 나누어 수업 모형을 구성하여 제시하였다. 또한 이효정(2007)은 '제시 - 의미설명 - 연습 - 활용 - 보충 · 심화'단계로 나누어 수업 모형을 구성하여 제시하였다. 장지정(2008)는 '도입 - 제시 - 연습 - 활용'으로 나누어 각 단계에 맞추어 제시하였다. 선행연구자들은 학습자의 단계를 고려하지 않고 통합적인 방법에서 활용 방안을 모색하였다. 또한 속담과 같은 관용표현 학습의 필요성에 대해서는 언급하였지만 구체적으로 속담교육이 어떠한 방향으로 이루어져야 하는지에 대한 목표가 설정되어 있지 않았다. 따라서 그 동안 한국어교육에서의 속담교육은 교사의 수업방향이나 진도에 따라 무시되거나 소홀히 다루어져 왔으며, 한국어교육에서 속담교육의 중요성이 강조되어 왔다면 대체로'전통 문화 요소'의 하나로 인식되어 온 것이 현 상황이라 할 수 있다.

이러한 문제점을 극복하기 위해서 본 장에서는 교육방안 가장 일반적인 수업 절차인 '도입 - 제시 - 연습 - 활용 - 마무리'를 기본으로 하여 '도입 - 제시 - 의미설명 - 연습 - 활용'으로 초 중급과 고급의 단계별로 선정된 교육용 속담을 중심으로 구체적인 속담의 활용 방안을 재구성해

보고자 한다.

1. 초 · 중급 단계 교육 방안

2장에서 언급한 바 있듯이 중국 내 한국어 교육은 대개 문법과 독해 위주로 이루어지고 있다. 최근에 들어 회화 능력을 강조하면서 말하기 능력 향상을 위한 수업을 많이 하고 있지만 중국 내 교육현장에서 아직도 많이 부족한 현실이다. 중국 내에서는 일반적으로 문법과 독해로 이루어지고 있는 짧은 수업시간만 한국어를 접할 수 있다. 중국 내 교육현장에 학생들이 한국어 학습 환경이 잘 되어 있지 않고 어휘와 문법이 많이 부족하기 때문에 이 단계에서 속담을 지도하는 데 또한 제한점이 많다. 따라서 중국 내 학습자에게 초급 단계에서는 속담의 기본적인 내용을 파악하는 이해의 단계로 학습자의 동기 유발을 도모하며 형태나 의미의 공통점을 중심으로 상호 문화적 이해를 통한 학습이 이루어질 수 있도록 해야 한다.[55] 문법 요소가 간단하면서도 표현, 의미가 중국 속담과 똑같은 것과 의미는 같지만 표현상의 차이가 있는 속담들 중심으로 교육해야 된다. 이에 따라 초·중급 교육 방안을 제시하고자 한다.

학습단계 : 초 · 중급
학습목표 : '하나를 보면 열을 안다'라는 속담을 이해하고 활용할 수 있다.

---

55) 김선정(2002:73) 참조.

도입단계

중국 내 학습자 경험 한국어 실력 부족 등 한계점이 많아서 교육이 흥미롭지 못할 수 있다. 따라서 속담을 그림, 만화, 낱말카드 등으로 만들어 학생들에게 제시하여 주고 먼저 큰 소리로 읽도록 한다. 그리고 수업시간에 많은 영향이 미치지 않도록 조를 짜고 간단한 대화문을 만들게 한다. 직접 만든 대화문을 학생들은 조별로 발표하고 나머지 학생들에게 평가하도록 하여 흥미를 유발한다. 낱말카드를 다음과 같이 제시한다.

[예시 28] 낱말카드

하나

보다

열

알다

~하면~

제시단계

속담교육을 위한 두 번째 단계인 제시 단계에서는 간단한 대화문을 만드는 것부터 출발한다. 앞에 언급한 바와 같이 중국 내 교육 현장에서 일률 단편적으로 배열하는 방식으로 제시하는 것은 학습자에게 흥미를 주지 못하고 있다. 앞에 도입에서 낱말카드56) 등 교구를 사용하여 간단한 대화문을 만드는 등 여러 방법을 통해서 학습자 스스로 의미를 유추하는 과정 통해 흥미를 유발하고 적극적인 참여를 통해 학습할 수 있는 방법이 획득되도록 지도되어야 한다. 그러므로 다양한 그림, 사진, 사물, 만화 등 시각적인 자료를 통해서 보여주는 것이 바람직하겠다. 또한 속담은 문맥이나 상황에 맞게 학습될 때 더욱 더 효율적이므로 본문을 제시하기 전에 이 속담에 관한 간단한 대화를 보여준다.

[예시 29] 57)

가 : 여기에서 식사할까요? 나 : 아니요. 다른 식당으로 가요. 하나를 보면 열을 안다고 들어오면서 　　보니까 식당 입구가 더럽던데요. 음식도 지저분할 것 같아요. 가 : 새 며느리가 마음에 들어요? 나 : 네 하나를 보면 열을 안다고 어른들에게 잘하는 것을 보니까 다른 것도 　　다 예쁘게 보여요. 새로 입사하는 직원들은 작은 일에도 최선을 다 하도록 해야 한다. 하나를 보면 열을 안다는 말이 있듯이 직장의 상사들은 작은 일로 그 직원의 업무 능력을 판단하게 되기 때문이다.

설명단계

언어를 교육하는 기본 원리는 언어를 사용하는 방법이 아니라 사용

---

56) 낱말 카드는 카드에 낱말을 적어놓은 것이다. 중급단계에서 학습자 스스로 활용을 하는 것이 쉽지 않다. 그러므로 교사는 학습자가 문장을 만들어 활용할 수 있도록 미리 배운 낱말 카드를 제시해주는 것이 좋다. 훈련이 되고 학습자 스스로 활용을 할 수 있는 단계가 되면 낱말 카드는 사용하지 않는다. 학습자가 알고 있는 많은 어휘를 사용할 수 있도록 돕는다.
57) 김정화·최은규『속담 100 관용어 100』, 국제교육진흥원, 2002. p.96.

중심으로 교육이 실시되어야 한다. 따라서 한국어 교육도 상호 활동을 통한 의사소통 중심의 교육이 되어야 함을 의미한다. 언어활동의 목적은 의사소통이고, 이는 본질적으로 상호 활동적이라야 한다. 그러므로 교실 활동도 교실 밖의 실세계에서 접할 가능성이 높은 맥락과 상황, 기능을 고려하여 실제 언어 사용을 중심으로 이루어져야 한다.[58] 따라서 드라마는 이러한 역할을 충분히 이루어 낼 수 있다. 드라마는 단순한 회화 교재가 아니라[59], 그 대본을 기반으로 이루어지는 하나의 그림이다.[60] 이를 통해서 배워나간다면 상호활동을 통한 의사소통 중심 교육이라는 목적은 달성할 수 있을 것이다. 듣기, 말하기, 쓰기, 읽기 교육을 통합적으로 진행하면서 상황에 적절한 언어 사용법을 배울 수 있다. 그와 함께 한국 문화를 간접적으로 체험할 수 있다. 도입 제시단계 통해서 학습자 스스로 중국어 대응하는 속담 추측할 수 있도록 하며 의미의 설명 단계 들어서 가장 기본적 의미는 쉬운 말로 풀어서 설명하거나 상황을 예시하거나 한국 문화를 충분히 반영할 수 있는 다양한 시각 자료를 보여주면서 설명한다. 초급학습자의 경우 말로 설명하면 이해하는 데 어려움을 겪게 됨으로 시각자료 등을 보여주며 흥미를 유발하면서 간단히 의미 설명을 중국어로 하면 좋을 것이다. 이 과정에서 중국어 속담의 유사점 과 차이점을 학생들 스스로 찾을 수 있도록 유도해야 한다.

---

58) 김정숙 「외국어로서의 한국어 수업을 위한 교재 교구의 구성」 서울대 한국어 교사과정.
59) 홍성일, 「시청각을 활용한 한국어 교육 활성화 방안」, 『중국에서의 한국어 교육. 2, 회화·시청각·인터넷』, 태학사, 2001. 드라마를 통해서 하는 교학진행의 중간 단계는 다음과 같은 4가지 방식으로 진행할 수 있다. ① 학생들에게 본 내용을 다시 서술하게 한다. ② 내용에 따라 대화를 나눈다. ③ 그 내용을 여러 개의 문제로 만들어 학생들에게 질문한다. ④ 학생들에게 드라마를 본 소감을 발표하도록 한다.
60) 김석기, 「영화를 통한 한국어 수업 방안 및 그 실제」, 연변과학기술대. 『중국에서의 한국어 교육. 2, 회화·시청각·인터넷』, 태학사, 2001.

옥탑방(밤)
복수 : 식구들에게 소개할거야
화신 : 잘 생각했어.
복수 : 엄마 마음을 생각해서 그 사람이 먼저 인사드리려고 해.
화신 : 참 좋은 사람이구나! 하나를 보면 열을 알겠다. 너한테 참 잘 어울려
복수 : 화신아, 본부장님과 어떻게 할 거야?
화신 : 뭘?
복수 : 두 사람이 서로 좋아하는데……
화신 : 나한테 고마운 사람이니까 잘해 줄 거야. 나중에 마음이 달라지면 나를
　　　 떠날거야. 떠나기 전까지 잘해 주고 싶어.
　　　　　　　〈드라마 조강지처클럽 제64회 중 내용을 수준에 맞게 개작〉

옥탑방(밤)
복수 : 식구들에게 인사시키기로 했어.
화신 : 잘했다 그래야지
복수 : 엄마가 속상해 한다니까 자기가 먼저 인사하겠다고 하더라.
화신 : 어쩜 그렇게 생각이 깊니? 하나를 보면 열을 알겠다. 너한테 딱 맞는
　　　 사람 같아.
복수 : 화신아? 본부장님이라는 사람 어떡할 거니?
화신 : 뭘?
복수 : 어쨌거나 너 좋아하는 건 확실하고 너도 끌리는 건 사실이잖아.
화신 : 나한테 고마운 사람이니까 억지로 상처 주고 싶지 않아. 시간 지나서
　　　 제정신 돌아오면 저절로 떨어지지 않겠니? 나이 어리고 경험 없어서
　　　 지금 잠깐 색다른 거 느꼈다 쳐도 그게 얼마나 오래 가겠니? 얼마
　　　 동안이 될지 모르겠지만 그 사람한테 위안이 될 수 있다면 그렇게
　　　 하고 싶어.
　　　　　　　　　　　　　　　　〈드라마 조강지처클럽 제64회 중〉

　　한국 속담의 문화적 의미를 그냥 중국어로 전환하는 것은 안 된다고
생각한다. 그러므로 한국어를 가르칠 때에는 한국 문화를 가르치고 있

---

61) 드라마 조강지처클럽 내용은 유지하면서 초급 학습자 수준에 맞게 개작하였다.

는 것이므로 문화적 내용의 올바른 중국어로 표현할 때의 어휘나 표현 구조에 더욱 유의하여야 하며 정확한 의미와 표현을 이해 습득시켜야 한다. 특히 두 언어가 같은 어족에 속하지 않을 경우에는 문화적 의미 를 달리하는 속담이 더욱 많을 것이므로 이들 중국인 학습자들을 위한 속담의 문화 설명은 더 세심한 배려가 필요하겠다. 따라서 연구에서 드라마를 활용하여 속담을 실생활 속에서 제시하면 학습자들이 더욱 큰 흥미와 학습자의 한국 현대문화에 대한 이해를 쉽게 도울 것이라 생각된다. 드라마나 영화는 현대 한국인들의 사고방식과 문화뿐 아니 라 실생활을 가장 정확히 나타내고 있기 때문에 학습자가 현 시대적 흐름에서 사용에 적절한 속담을 이해하고 활용할 능력을 향상 시킬 수 있다. 하지만 드라마는 학습자의 흥미를 끌기 위한 것으로 교사는 드라 마를 감상하는 것이 아니라 속담 지도를 하기 위한 하나의 방법이라는 것에 확실하게 중점을 두어야 한다.

〈유사 속담〉
의미 : 일부만 보고 전체를 미루어 안다는 말, 매우 영특하다는 말
또한 유사한 속담이 있을 경우 함께 제시하는 방법도 있다.
같은 속담[62]을 예를들어 :
하나를 들으면 백을 통한다
하나를 부르면 열을 짚는다
하나를 알면 백을 안다
한 일을 보면 열 일을 안다

---

62) 원영섭, 『N세대도 궁금한 우리속담풀이』, 세창출판사, 2005, p.366.

고사성어[63]	거일명감　거일반삼　문일이지　문일지십
	추차가지　타상하설　이일지만　추일사가지
중국어속담	见一知十　见微知著
	举一反三　触类旁通

　속담에는 각 주제별로 유사한 의미의 속담이 많이 존재한다. 이런 경우에 함께 제시한 유사한 속담 중 본래 의미 갖고 가장 기본적으로 많이 쓰이는 기본형을 학생한테 확실하게 인지시켜 줄 필요가 있다. 어휘학습을 위한 속담 교육도 지도가 가능하므로 효율적이며 학생들의 어휘신장에 크게 기여할 수 있다. 중국 속담과 같이 비교하면 학습자가 훨씬 더 빨리 이해할 수 있다.

연습단계

　연습 단계에서는 속담의 의미를 설명한 후에 학습자가 어느 정도 이해를 했는지 확인하기 위해서 상황이나 문맥에서의 쓰임을 연습시킨다. 이러한 연습문제는 학습자에게 더 다양한 사용방법을 알려줄 수 있고 적절한 상황에 맞게 사용하는 의사소통적인 능력을 길러 줄 수 있다. 또한 연습문제를 제시하여 앞서 학습한 내용을 얼마나 이해하고 있는지 확인해 볼 수 있다. 주어진 글을 읽고 내용에 맞는 속담을 말하거나 쓰게 할 수 있고, 또는 보기를 제시하여 고르게 하는 것도 좋은 방법이라 하겠다.[64] 몇 가지 예를 제시하면 다음과 같다.

---

63) 원영섭, 상게서, p.366.
64) 김광숙, 「프랑스 속담의 교육적 활용 연구」, 전남대학교 교육대학원 석사논문, 2004, p.64.

[예시 31]

1. 아래 대화문을 읽고 관련된 속담을 고르시오.

> A: 그 식당 지난주에 망했대.
> B: 어쩐지, 밥 먹는데 돌이 씹히더라니
> A: 맞아 _____(라)고 하잖아.

① 낮말은 새가 듣고 밤 말은 쥐가 듣는다

② 우물 안 개구리

③ 식은 죽 먹기

④ 하나를 보면 열을 안다

[예시 31]과 같이 한국어로 된 문장을 읽으면서 독해 능력도 키우고 그 문장에 맞는 속담을 직접 골라 한번 더 쓰게 하는 방법이다.

2. 아래 속담을 한국어로 대화문을 만드시오.

> 하나를 보면 열을 안다
> (见一知十)

남 : 돈 좀 벌면 이렇게 막 써도 돼?

여 : 아이스크림하고 그게 무슨 상관이야?

남 : 난 아이스크림을 말하는 게 아니야. 너의 자세를 말하려는 거야.

여 : 내가 어때서?

남 : <u>하나를 보면 열을 안다</u>고 했다.

3. _____에 알맞은 속담을 쓰세요.

> _____(라)는데 그 사람이
> 보통 때 하는 것을 보면 다른 일도 다 잘할 거라고 믿습니다.

활용단계

활용단계에서는 지금까지 배운 속담으로 실제 대화 상황에서 어떻게 사용할 수 있는 지에 초점을 맞추어야 한다. 속담을 잘 이해하거나 암기한다고 하더라도 속담을 실제 상황에서 적절하게 효과적으로 사용될 수 없다면 속담 교육의 목표에 어긋나기 때문이다. 따라서 활용단계에서는 배운 속담을 어떻게 이용해 새로운 문장을 만들고, 이 속담을 사용할 수 있는 상황을 확실하게 파악하고 상황에 맞게끔 이야기 할 수 있어야 한다. 그래서 속담의 상황을 학생들에게 제시하여 주고 수업시간에 많은 영향이 미치지 않도록 조를 짜고 대화문을 만들게 한다. 직접 만든 대화문을 학생들은 역할극으로 발표하고 나머지 학생들에게 평가하도록 하는 흥미유발식 활용단계 확인 수업을 진행한다. 학생들이 오류를 범할 때도 교사가 직접 현장에서 수정하는 것보다 다른 조 학생들로 하여금 오류를 찾아내게 하거나 학생 스스로 발견하게 하는 방법을 사용하고, 당사자가 지나치게 부끄러워하거나 위축되는 것을 방지하여야 한다. 속담을 익히면서 유창성을 등 높이는 효과도 같이 가질 수 있다.

[예시 32]

> 우선 조를 짠 후 속담을 제시한다. 각각의 조 단위로 속담에 어울리는 상황을
> 만들어보고 간단한 대화를 구성하거나 그림을 그리게 하고 서로 맞추는 게임
> 을 함으로써 학습과 재미를 동시에 느낄 수 있다.
> 한 조에서 주어진 속담을 몸짓으로 상황 설명하거나 또는 그림을 그려서 설명
> 하면 자연스럽게 말하기와 속담의 의미를 익히고 응용능력까지 길러질 것이다.
> 각 조별로 또는 개인별로 돌아가면서 한국어 속담 말하기를 한다. 제한 시간
> 을 두고 그 안에 말하지 못하거나 나왔던 속담을 다시 말하면 탈락하는 방법
> 이다. 마지막까지 남는 한 사람에게 수행평가 점수와 같은 상을 준다면 학생
> 들은 더욱 적극적으로 게임에 임하고 그렇게 하기 위해서 더 많은 한국어
> 속담을 스스로 찾아볼 것이다. 그러면서 어휘 실력과 말하기 능력 그리고 암
> 기력까지 높아질 것이다.

2. 고급 단계 교육 방안

고급단계에서는 선정된 속담은 문법이 어려운데 대응되는 중국 속담
이 없고 한국 특유의 문화를 지니고 있는 특징을 갖고 있다. 그래서
초급 단계보다 더욱 심화하여 심층적인 이해가 이루어져야 하며, 학습
자의 경험 및 배경 지식을 최대한 활용하여 능동적으로 참여할 수 있도
록 해야 한다. 좀 더 적극적인 교육 방법으로 교재를 탈피하여 실제
자료[65]를 이용한 방법을 제안하고자 한다. 특히 신문이나 방송 자료는
고급 이상에서 빈번하게 활용되는 보조 자료로서 한국의 현실 사회 전
반을 교육 내용에 포함시킬 수 있고, 변형된 속담 형태도 학습의 자료

---

65) 고인성(1998:16) 실제자료(authentic materials)란 자료의 사용 대상으로 언어 학습자를
교려하지 않고, 목표어의 모국어 화자와 동일하거나 유사한 수준의 언어 직관과 어휘,
통사, 의미, 화용적인 모든 차원의 언어능력, 의사소통 능력을 갖춘 화자들 간의 실제
적인 목적을 충족시키기 위해 만들어진 자료로서 사용하는 어휘나 구문을 의식직으
로 통제하지 않은 자료라고 할 수 있다.

에 포함시킬 수 있다는 장점이 있다. 여기서 활용할 수 있는 것으로 학습자들은 속담의 기본적인 어투 및 속담 어법의 틀을 알아야 하며 속담이 아주 새롭게 변형되어 쓰일 수 있다는 것을 알아야 한다. 그래서 통념으로 전해 오는 속담이 아주 새롭게 변형되어 쓰일 수 있다는 것을 인식시키고 기본 속담을 학습자 스스로 창의적으로 바꿔보는 연습을 시키도록 한다. 이러한 과정을 통해 학습자들은 한국 속담 자체에 대한 이해뿐만 아니라 한국 문화에 대해서로 체계적으로 이해를 할 수 있다. 속담은 실제 대화 상황보다는 신문이나 드라마, 뉴스 등 실제자료와 같은 매체에서 그 사용 빈도가 높다. 또 그러한 매체에서 속담이 사용될 경우 속담의 어휘를 유지하고 쓰는 것이 아니라 전달하고자 하는 내용을 보다 효과적으로 표현하기 위해 그 구성 어휘를 교체하여 사용하는 경우가 있다. 따라서 중국 내 학습자에게는 학습한 속담 실제로 사용될 경우 화자의 발화 의도에 따라 일부 어휘가 바뀌어 사용될 수 있음을 교육시켜야 할 것이다.[66] 여기서는 수많은 실제 자료 중에서 속담의 출연 빈도수가 높은 신문을 이용한 속담 교육 방안을 제시해 본다.

〈제시단계〉

고급단계의 속담 교육 조금은 수월하다. 학습자가 일정 수준의 한국어 구사 능력이 되어 있기 때문이다. 이 단계에서 학습자 이해가 빠르기 때문에 설명만으로 속담을 모두 이해하고 활용할 수 있는 것처럼 보인다. 하지만 지도하는 속담 너무 많으면 안 된다. 이 단계에서 교사는

---

66) 이동규, 「중·고급학습자를 위한 한국어 문화어휘 교육속담 관용어 교육을 중심으로」, 고려대학교 석사논문, 2005, p.99.

학생들이 직접 신문이나 책 등을 읽으면서 속담의 뜻을 파악할 수 있게 안내하는 안내자가 되어야 한다. 하지만 고급단계 중국인 학습자는 아직 미흡한 상태이므로 과대평가하지 않도록 주의해야 한다. 이에 따라서 만화 신문[67]을 이용한 속담교육 활용 방안을 다음과 같이 제시한다.

비온 뒤에 땅이 굳어진다

[예시 33] [68]

---

67) 이정균(1999)은 신문자료의 활용에 대해 다음과 같이 설명하고 있다.
① 신문은 우리에게 무궁한 자료를 매일 제공하고 있다.
② 수업을 통해서 배운 내용들, 말하기, 듣기, 읽기, 쓰기, 언어, 문화 등과 같은 모든 활동의 자료가 신문에 있다.
③ 신문에서 사용되고 있는 언어와 문자는 바로 지금 우리나라 국어의 현주소이며, 실생활 언어생활의 표준이기 때문이다.
68) http://news.naver.com/main/read.nhn?mode=LSD&mid=sec&sid1=001&oid=041&aid=0000029276

위에 제시하는 속담은 '비 온 뒤에 땅이 더욱 굳어진다.'이다. 여기서 제시하는 속담은 중국 속담에는 없는 것이므로 학습자에게 어렵게 느껴질 수 있지만 고급 단계에서 학습자들이 한국 현대 사회의 흐름을 보여줄 수 있는 자료가 될 수 있다. 또한 여기서 나타난 표현과 필자의 생각을 짧고 간결하게 표출하는 데 있어 속담만큼 효과적인 표현이 없기 때문이다. 따라서 학습자가 한국 현대사회의 큰 흐름을 자연스럽게 파악하게 되고 언어적인 측면에서도 접할 수 있는 장점을 가지고 있다. 그래서 이 단계에서는 학습자에게 그 속담이 어떻게 사용되는지 보여주면서 나아가 학습자로 하여금 읽기와 쓰기 능력을 향상시키고 한국 현대사회, 문화 등 대한 이해의 폭도 넓힐 수 있을 것이다. 그리고 초급에서 구어적인 표현에 중점으로 두고, 고급에서 문어 자료에 출현하는 특징이 다르기 때문에 문어와 구어를 구분하여 학습할 필요성이 있다. 학습자는 문어적이든 구어적이든 모두 학습해야 한다. 그리하여 신문에 빈번하게 나오는 문어적인 것들을 꼭 제시해 주어야 한다. 이것들은 신문을 읽을 수 있는 고급 단계에서 학습한다고 생각된다.

설명단계

설명단계는 속담의 의미를 쉬운 한국어로 설명하고 그 표현들이 사용되는 문장들을 보여주어서 학습들을 이해시키는 단계이다. 초급에서는 아직 한국어가 익숙하지 않으므로 중국어로 설명했으나 고급단계에서는 대응하는 중국어 속담 없기 때문에 쉬운 한국어의 설명이 반드시 필요할 것이다. 특히 고급단계에서 변형된 표현들이 많이 등장하므로 신문에서 제시된 현대적인 감각과 의미에 맞도록 지도해 주어야 한다.

[예시 34] 다음 자료 유의해 읽어 보자.

가 : <u>비 온 뒤에 땅이 더 굳어진다고 했던가?</u> 숱한 우여곡절을 겪는 동안 남편과 나 그리고 아들 승필이와 땅 승인이는 늘 함께 있었다. 그래서인지 우리 식구는 어느 가정 못지않게 화기애애하고 잘 뭉친다.

〈동안일보 기사 1996〉

나 : '특위'배제 민주당
<u>'비'온 뒤 당(黨) 굳는다.</u>
당의 한 관계자는'당이 외환에 시달리다 보니 내분이 치유돼 가는 것 같다'고 자평했다.

〈민주당보 1995〉

다 : 이러한 과정에서 다소 당내 이견이 표출되어 당원 동지 여러분과 국민들게 심려를 끼쳐 드렸으나 지도부의 노력과 당원 동지 여러분의 성원으로 이제는 말끔히 해소되어 전 당원이 일심단결 하여 선거에 임할 수 있는 태세를 갖추었습니다. <u>비 온 뒤에 당이 더 굳어지듯이</u> 더욱 화합하고 결속하여 필승을 다짐해야 되겠습니다.

〈민주당보 1995〉

라 : 그렇지만 이젠 잊어야 한다. 지금까지 모든 일은 없었던 것으로 할 테니 이젠 더 이상 아무것도 다른 생각은 말기로 하자. <u>비온 날 땅이 더 단단해진다는</u> 말도 있다.

〈한국시나리오 선집 제9권〉

제시한 자료 제시단계에서 제시한 내용과 같이 신문에서 다룬 속담에 관한 것들이다. 이와 같이 의미 변화가 조금 일어나는 속담들이 고급 학습자를 대상으로 해야 한다. 교사는 이 단계에서 내용과 양을 조절하면서 위의 적절한 예를 통해서 그 의미의 차이를 설명해 야 할 것이다. 대응하는 중국어 속담이 없기 때문에 학습자가 이해에 방해가될 수 있다. 따라서 학습자가 읽기활동[69]을 통해서 속담을 접하고 맥락

---

69) 김광숙(2004)에서는 읽기 활동을 크게 의사소통적 목적의 읽기 활동과 학습을 위한 읽기 활동으로 구분하고, 의사소통적 읽기 활동에 ①주제, 개요 파악하기 ②대체적인 내용 파악하기, ③특정 정보 파악하기, ④세부 내용 파악하기 ⑤비유적, 함축적 의미 파악하기 활동을 학습 목적의 읽기 활동에 ①꼼꼼하게 읽기 ②추측하기 ③어휘 문법 표현 익히기 ④담화 구조 격식 특징적 표현 익히기 활동을 포함하였다.

안에서 그 의미를 파악할 수 있도록 설명하는 것이 가장 중요하다.

연습단계

고급 학습자에게 활용할 수 있는 연습단계로 상황에 맞는 예문을 이용하여 설명한 뒤 학생들끼리 짝을 지어 속담을 이용하여 대화문을 만들도록 한다. 처음엔 실수가 많더라도 스스로 문장을 만들면서 상황에 맞는 속담 표현을 익힐 수 있고 더 나아가 중국 속담과 비교하며 문장을 만들게 하면 이해력과 속담의 활용도가 높아질 것이다.

[예시 35] 〈1〉대화연습

예문과 같이 관련된 속담을 이용하여 대화문을 만들어 보세요.

비 온 뒤에 땅이 굳어진다.
비에 젖은 흙이 마르면서 굳어지듯이 어떤 풍파가 있은 후에 일이 더 단단해진다는 뜻[70]
힘든 일이 있은 후에 전보다 더 좋아진다.
1) 가 : 엄마, 오늘은 미연이하고 점심 먹고 같이 쇼핑할 거예요.
　나 : 전에는 싸워서 다시는 안 만날 것 같더니 비 온 뒤에 땅이 굳어진다고 한번 싸우고 나니까 전보다 더 친해진 것 같구나.
2) 가 : 영미 부모가 요즘 사이가 다시 좋아졌대요.
　나 : 다행이네요. 이혼한다고 해서 걱정을 많이 했잖아요?
　가 : 그런데 비 온 뒤에 땅이 굳어진다고 갈등을 겪고 난 후에 오히려 두 사람은 더 가까워졌나봐요.
3) 현재 미국에서 좋은 성과를 거두고 있는 박찬호 선수도 처음에는 어려운 일을 많이 겪었다고 한다. 그러나 비 온 뒤에 땅이 굳어진다고 그런 어려움이 오늘의 박 선수로 성장한 밑거름이 되었다고 생각한다.

_____

_____

_____

---

70) 원영섭, 『N세대도 궁금한 우리속담풀이』, 세창출판사, 2005.

[예시 36] ⟨2⟩ 읽기연습

인터넷 전문 은행을 기대하며[71]

2008년 새 정부가 들어서면서 주장했던 신자유주의 시장 변화의 큰 줄기에는 금융 산업의 변화가 포함돼 있다. 이러한 흐름과 맞물려 지난 4월 금융위원회는 제1차 국정과제 보고회에서 인터넷 전문 은행의 설립과 관련해 인·허가 요건을 완화하는 방안을 밝혔고, 이를 위한 태스크포스 팀이 가동되기 시작했다.

인터넷 전문 은행이란 기존 은행들이 지점 등 오프라인으로 대고객 접점 채널을 운영하는데 반해 인터넷 채널을 기본으로 운영하는 새로운 형태의 은행을 말한다. 기존의 오프라인의 한계를 극복하고 보다 편리하고 효율적인 형태로 발전할 수 있다는 점에서 기대를 모으고 있다.

미국은 최초의 인터넷 전문 은행인 SFNB가 설립돼 주목을 받기 시작했고, 현재는 12개의 인터넷 전문 은행이 운영되고 있다. 일본에서는 비금융 기관이 은행 지분의 20% 이상을 소유할 수 있도록 하는 등의 규제 완화에 따라 2000년에 재팬NET은행이 설립된 후 소니뱅크(Sony Bank), e뱅크(eBank), 최근에는 미쓰비시 도쿄 UFJ은행과 통신 사업자인 KDDI가 각각 50%씩 지분을 투자한 '지번(Jibun)뱅크'가 출범했다.

하지만 모든 인터넷 전문 은행들이 성공의 길을 가고 있는 것은 아니다. SFNB는 안정적이고 수익성이 있는 고객층을 확보하지 못해 RBC에 합병됐으며 영국의 대표적 인터넷 전문 은행인 에그뱅크(Egg Bank)는 부실 채권을 흡수하지 못해 씨티그룹에 매각됐다. 일본 또한 수익성 면에서 지방 은행들의 평균보다 낮은 수준으로 나타났다.

지난 10여 년간 인터넷 전문 은행을 도입했던 나라들의 성공과 실패 등 여러 사례에 비추어 볼 때 국내 인터넷 전문 은행이 성공할 가능성은 비교적 높은 것으로 보인다. 정보기술(IT) 강국답게 인터넷망 등 인프라가 잘 구축돼 있고 인터넷 뱅킹에 있어서도 높은 기술력을 보유하고 있기 때문이다. 또한 소액 결제에서 카드나 휴대전화 결제 비중이 커지고 있고 현금의 이용도가 크게 줄어든 것도 별도의 양도성예금증서(CD), 현금입출금기(ATM) 운영이 어려운 인터넷 전문 은행에는 큰 강점이 될 수 있을 것이다.

그러나 인터넷 전문 은행이 극복해야 하는 장애물도 만만치 않다. 은행업 인가 기준과 함께 인터넷 전문 은행 설립에 가장 큰 장애물이 되고 있는 것은 금융실명제다. 계좌 개설을 위해 고객이 직접 지점을 방문하도록 되어 있다. 인터넷 전문 은행 역시 예외일 수는 없어 온라인 영업이라는 기존 설립 취지가 퇴색될 우려가 있다.

보안 문제 또한 어려운 과제다. 최근 7개의 저축은행들이 무방비 상태로 해커의 공격에 노출돼 허술한 보안 시스템이 문제로 대두됐고 경매 사이트인 옥션에서 수많은 개인 정보가 유출돼 큰 파장을 일으켰던 사례에서도 알 수 있듯이 보안 문제는 고객의 신뢰에 지대한 영향을 미칠 것이다.

금융거래와 관련해 매우 보수적인 성향을 띠고 있어 주거래 은행을 잘 바꾸려 하지 않는다는 점 또한 간과할 수 없다. 또 대출이나 큰 금액을 거래하고자 할 때는 직원과의 대면 접촉을 중시하는 성향도 신중하게 고려해 봐야 할 문제일 것이다.

현재까지 도입 논란이 끊이지 않고 있지만, 다양한 분야의 기업들이 인터넷 전문 은행 설립을 검토 중이다. 시중은행보다 지점 수가 적어 수신 기반이 약한 산업은행, 제2금융권으로 묶여 있는 저축은행들, 국민의 절반 수준인 2200만여 명의 고객을 확보하고 있는 SK텔레콤 등이 이에 속한다. 이들 앞에는 금융실명제 문제의 극복, 금산 분리의 완화, 확실한 수익 모델의 확보 등 험난한 여정이 기다리고 있다. 하지만 **비 온 뒤에 땅이 굳어진다는** 말처럼 여러 난관을 밑거름삼아 고객뿐만 아니라 한국 금융시장이 활성화되고 진일보하기를 기대해 본다.

1. 위에 신문 속에 제시한 속담

_____

2. 관련된 속담의 의미

_____

3. 짧은 글 짓기

_____

4. 속담 바꾸기

_____

5. 위 속담을 통해 살펴볼 수 있는 한국인들이 갖고 있었던 가치관에 대해 생각해보자.

_____

_____

_____

---

71) 한경비즈니스 기사 2008년 8월 21일 중앙대 상경학부교수 장경천.

[예시 37] 〈3〉듣기연습

```
SBS 〈8뉴스〉 72)
```

　뉴스는 생활 현장 속에서 일어나는 다양한 사건과 상황을 다루며, 표준어가 사용되므로 중국인 학습자가 학습한 내용을 확인하기에 적절한 자료이다. 뉴스는 드라마나 구어제의 다른 자료에 비해 내용이 다소 어려운 편이나 고급인 점을 감안할 때 다양한 정보와 매일 접하는 접근성을 따져 보았을 때 장점을 자지고 있다.73)

1. 위에 뉴스 시청한 후, 뉴스의 내용 간단하게 서술하시오.

_____

_____

---

72) http://news.sbs.co.kr/section_news/news_read.jsp?news_id=N1000429374
73) 이효정, 「속담을 활용한 한국어 문화 교육 방안」, 한국외국어대학교석사논문, 2007.

<u>정답 : 이번 주말도 화물연대 파업과 촛불집회 등 나라 안이 어수선할</u>
<u>것 같습니다.</u>
<u>그러나 이럴 때일수록 비 온 뒤에 땅이 더 굳어진다는 희망을 가졌으면</u>
<u>합니다.</u>

2. 위에 뉴스 시청한 후, 가장 관련 있는 속담이 무엇일까요?

_____

_____

3. 비 온 뒤에 땅이 더 굳어진다는 속담을 넣어 문장을 만들어 봅시다.

_____

_____

이와 같은 읽기와 듣기를 통한 속담연습을 통해서 속담의 사용이 아닌 이해를 효과가 있을 것이라 생각된다. 중국 내 교육현장에서 단순히 교재 안에서 속담을 접하고 그 쓰임을 학습한다고 해서 그것이 학습자의 실제적인 의사소통 능력에는 도움이 되지 않을 것이다. 이와 같은 실제적인 자료를 통하면 학습자가 속담의 쓰임과 그 효과를 인식하고 잘 사용할 수 있을 것이다.

활용단계

앞에 단계들 거쳐서 활용단계는 속담의 의미 등 파악하고 어떻게 활용할 수 있는지에 초점을 두어야 한다. 앞에서 신문이나 구어체 아닌 자료들 통해서 제시하였지만 활용단계에서 실제상황을 가정하여 어떻게 쓰여 있는지 대화를 만들거나 게임을 통하여 학습자에게 흥미를 유도하거나 속담과 관련된 한국의 사회에 대해서 발표하며 그 의미를 토론하는 시간도 가질 수 있다. '토론'은 일상생활, 학문 분야에서 넓게 사용되는 용어이다.[74] 토론이란 어떤 논제를 둘러싸고 여러 사람이 각각 의견을 말하여 의논하는 것을 가리킨다.[75] 예를 들면 2~3조를 나누어서 한 사람이 속담을 행동으로 표현하면 나머지 조원들이 그 속담을 맞추는 게임 같은 활동들이 있을 수 있다.[76]

[예시 38] 토론[77]을 통해서 속담활용

다음 글을 읽고 올림픽 성화와 대국의 품위에 대하여 생각해 보십시오.

올림픽 성화와 대국의 품위[78]

중국인들은 올림픽을 '중국의 부상'을 세계에 알리는 역사적 이정표로 받아들인다. 개혁개방 정책을 시행한 30년은 중국이 눈부시게 발전한 역사였고 외세에 의해 열린 근대의 치욕을 씻기에 충분한 시간이었다. 따라서 중국이 올림픽에 스스로의 힘으로 온전하게 21세기를 열어가는 역사적 의미를 부여하는 것은 자연스럽다고도 할 수 있다.

---

74) 이희승(1967:29~85) 참조.
75) 최근 국어 교육이나 화법 연구에서는 토론을 토의와 구별하여 정의한 연두들이 많이 있다. '토론'은 제기된 문제에 대하여 찬성, 반대의 입장에서 근거를 밝히고 자신의 견해가 타당함을 밝히는 것으로 보고, '토의'는 제기된 문제에 대해 다양한 의견을 개진하고 수렴하는 것으로 보고 있다. 그러나 외국어교육에서는 'DISCUSSION'의 개념을 폭넓게 접근하는 것이 일반적이며, 한국어로 '토론'으로 번역되어 언어 교육에서 활용되고 있다. 또한 토론의 사전적 의미도 '어떤 논제에 대한 여러 사람의 의논'이라는 폭넓은 개념이라는 점에 근거를 두고, 본고에서는 한국어 교육에서 '토론 수업'을 협의의 토론, 토의를 모두 포함하는 의미로 사용한다.
76) 김정아(2002:79), 실제TV 오락 프로그램에 있는 활동이다.
77) 이미혜, 「고급 단계 한국어 학습자를 위한 토론 수업 방안」, 이중언어학회, 이중언어학 제30호, 2006.

그러나 올림픽이 가까워 오면서 '인권 없이 올림픽 없다'는 이미 예상된 주장이 현실화 되었고, 티베트 시위에 대한 중국의 강경진압을 계기로 반중 분위기는 급격하게 확산되었다. 그동안 중국위협 론을 불식시키면서 평화국가의 이미지를 조심스럽게 쌓아온 **공든 탑이 무너질** 위기에 처한 것이다. 실제로 올림픽 성화는 평화의 순례가 아니라 민주주의와 민족주의, 티베트와 중국, 사회주의와 인권이라는 대립항을 만들면서 하나의 정치적 상징으로 자리 잡았다.

그래서일까, 개혁개방 세례를 받으면서 민족적 자존심이 유독 강한 1980년대 생 중국의 젊은이 들은 올림픽 성화의 파수꾼이 되고자 서울 한복판에 오성홍기를 들고 거침없이 몰려들었다. 이들에게는 민주주의 국가를 마지막으로 통과하는 서울에서 성화 사수하기만 한다면, 북한과 베트남 등 사회주의 국가를 거쳐 중국으로 가는 탄탄대로를 열 수 있다는 믿음이 있었을 것이다. 그러나 '중국의 티베트 해방'이라는 국가주의에 물든 중국의 젊은이들은 다양한 의견이 공존하는 서울이라는 공간을 망각했고, 다른 견해를 폭력으로 압도하는 **안으로 굽은 닫힌** 민족주의의 속살을 여지없이 드러내 보였다.

그 폭력의 이면에는 나의 평화와 당신의 평화를 구분하는 중화주의, 어울려 사는 여유를 가르치지 못했던 애국주의 교육이 숨어 있었다. 또한 무늬만 남은 사회주의의 공백을 메우기 위해 민주주의에 대한 독해를 게을리 하고 민족주의에 기대왔던 중국 청치의 책임이기도 했다. 사태가 발생한 뒤 중국외교부의 안이한 인식은 그래서 실망스러운 것이었다.

그럼에도 이 사태를 접근하는 시각과 해결 방식은 우려스러운 점이 있다. 왜냐하면 이성적 공론에서 시비를 가리는 것이 아니라 익명의 인터넷에서 날선 민족주의가 충돌하고 있기 때문이다. 그리고 이 과정에서 동북공정, 중화주의, 중국위협 등 중국에 대한 부정적 기억을 동시에 불러내고 있다. 이것은 우여곡절을 거쳐 쌓아온 한중 관계를 원점으로 돌리는 위험성을 내포하고 있다. 더구나 반중의 거울을 통해 미국을 들여다보고자 하는 계산조차 깔려 있다면 더욱더 우려스럽다.

이번 사태의 폭력 행위자들에 대해 보편적이고 엄격한 잣대를 사용해야 할 것이며, 재발 방지를 위한 외교적 노력도 기울여야 할 것이다. 무엇보다 대국의 책임을 강조하고 매력공세(charming offensive)를 펼치며 제3세계에 대한 구애에 적극적인 중국이 어떤 대국이 될 것인가를 다시 성찰하는 일이다. 그렇지 않으면 중화에 대한 역사적 기억을 지닌 주변국가 들은 '평화발전'에 숨어 있는 중국위협을 발견하고자 할 것이다.

한중 관계에는 사이가 좋을 때에는 모든 문제가 수면 아래로 들어가지만, 그렇지 않은 경우는 숨어 있던 모든 문제가 돌출되는 특징을 지니고 있다. 그러나 양국 관계가 잘 관리되기만 한다면 지금과 같은 갈등을 두려워할 필요는 없다. 왜냐하면 국가 간에는 항상 이익이 충돌하고 서로를 보는 인식의 차이가 있기에 갈등은 불가피하기 때문이다. 문제는 이러한 갈등을 합리적인 절차와 이성적 논의를 통해 해결하는 관례와 규범을 만드는 일이다. 그래야 **비 온 뒤에 땅이 더욱 굳어질 수 있는 것이다.**

목표 :

① 한국 현대 사회문화 속한 정치를 이해하고 관련된 자국의 사고방식
   이야기한다.

② 시론에서 나타난 속담의 의미를 이해하고 파악하고 활용할 수 있도
   록 해야 한다.

③ 속담을 이용해서 다양한 토론이 이루어질 수 있도록 해야 한다.

수준 : 고급

수업진행 :

1. 위에 제시한 시론 속에서 제시한 속담 무엇입니까? 제시한 속담을
   이용해서 문장을 만들어 봅시다.

_____

_____

_____

2. 여러분은 이 시론에 대해서 찬성의 입장, 반대 입장입니까? 자기의
   주장 내용을 정리해보십시오. 자신의 주장과 근거를 바탕으로 토론
   계획서를 작성하십시오.

---

78) 한겨레신문 2008년 5월 1일 목요일 27일 (성균관대학교 정외과 중국청지 교수 이희옥).

날짜:	작성자:
토론 주제	
나의 주장(의견)	1. 2. 3.
근거 및 이유	
반대 주장	
예상 질문이나 반박 내용	1. 2.
나의 대답이나 반론	

3. 자신 주제에 대해 근거를 위의 속담표현을 사용하여 자신의 주장을 한두 가지씩 이야기 해 보십시오.

의견제시 :

_____

_____

_____

4. 토론의 내용을 요약해 정리하고 여러분의 의견을 글로 써 보십시오.

_____

_____

_____

5. 수업확인

　토론이 진행되는 동안 학습자는 토론자로서 또는 관찰자, 평가자로서의 역할을 담당하게 된다. 소그룹 토론은 2~6인으로 구성하며, 전체 학습을 대상으로 할 때는 10명 이내의 인원으로 구성한다. 토론 참여자 이외에는 토론을 이끄는 사회자, 1~3명의 관찰자(평가자)를 두어서 학습자 중심으로 토론을 유도한다. 관찰자는 토론을 관찰하고 끝나고 다음과 같이 평가서를 작성하도록 한다.

〈동료 간 관찰자의 평가서〉[79]

관찰 내용	학생1	학생2	학생3
토론 참여 횟수			
지지 발언 횟수			
반대 발언 횟수			
새로운 관점의 제시			
주제에서 벗어난 발언			
(기타)			
총평			

　위에 선택한 주제는 중국인 고급 학습자에게 충분히 흥미를 느끼게 하는 주제이기 때문에 토론이 활발하게 진행될 수 있다고 본다. 하지만 학습자의 언어 능력의 부족하거나 언어 연습의 부족으로 인해 수업 진행하는 과정에서 교사가 매끄럽게 학생들 적극적으로 참여할 수 있도록 이끌어야 한다. 그렇지 못하면 소극적인 학습자 참여부족으로 수업이 끊어질 때가 있다. 토론을 통해서 수업 진행하는 것은 교사의 경험에 의존하는 상황이다. 한국어 교육현장에서 어떻게 잘 활용하기 위해

---

79) Green christopfer lam(2002:228)을 참조하여 재구성함.

주제 선정, 전략 및 표현 등 학습시켜서 언어 형식과 내용을 함께 갖추도록 해야 한다. 토론을 통해 속담 언어 연습 활동을 어떻게 구성할 것인지 구체적인 방법을 더 개발해야 되고 체계적인 교육을 시도해야 할 것이다.

이장에서 중국인 학습자들한테 효과적이고 체계적인 속담 교육을 위해서 앞서 선정한 교육용 속담을 중심으로 교육 방안을 제시하였다. 초급 단계에는 구어체 중점을 두고 대화문 등 적절한 상황에 대화 실례 등을 통해서 속담의 용법을 직접적으로 제시하였다. 고급 단계에서는 구어체를 벗어나 문어적인 표현들이 많이 출현한 신문 등을 이용해서 학습자가 더 깊이 이해할 수 있는 기회를 준다. 그러나 제시한 속담들의 교육 방안을 구체적으로 실행하지 못한 것이 아쉬움으로 남는다. 이러한 점을 보완하는 연구를 앞으로 과제로 남긴다.

맺음말

　중국 사람들은 속담을 '지혜의 꽃', '철학적인 시', '생활의 작은 사전'이라 부른다. 언어를 통하여 화자가 전달하고자 하는 내용을 상대방에게 어떻게 전달하느냐 하는 것은 매우 중요한 문제다. 속담은 효과적인 의사전달 방법 중의 하나로 오랜 세월에 걸쳐 언어들 사이에서 관용되어 온 언어표현 형식이다. 속담은 일반적인 언어 사용에서 사용 빈도수도 높고 화자의 의도를 전달하는 데 중요한 역할을 한다. 따라서 본고는 외국어로서 한국어의 중국인 학습자들이 실생활의 의사소통에 있어 올바른 속담의 이해와 표현능력의 향상에 도움을 주는 것을 목적으로 하여, 서로 다른 문화적 배경에서 비롯된 속담의 특유 표현들을 학습함에 있어 야기 되는 난점들을 극복하고 중국인 학습자의 한국어 교육에 효과적인 방법을 제시하고자 하였다.

지금까지 한국어교육기관 교재들에 나타난 속담들을 정리하고 속담 교육의 필요성을 살펴보았다. 속담 교육의 필요성은 아무리 강조해도 지나치지 않다고 할 수 있다. 그렇기에 본고에서는 중국인학습자를 위한 한국어 속담 교육 방안을 기존 중국 내와 한국 내의 교육기관교재들의 분석 및 한국어와 중국어의 사용빈도가 높은 속담들의 비교를 바탕으로 논의하였다.

　본 고는 관련된 논의를 정리하면 다음과 같다.

　1장에서 속담과 외국어로서 한국어교육에 속담 관한 선행연구들 검토하였다. 본 고의 구체적인 목적과 필요성을 제시하고 또한 연구의 대상과 방법을 제시하였다.

　2장에서는 중국 내와 한국 내의 한국어 교육기관에서 출판된 한국어 교재에서 속담들을 어떻게 제시하고 있는지를 살펴보고 각 교재들이 속담을 다루는 특징과 문제점을 제시하였다. 그리고 분석을 통해서 많은 문제점을 알 수 있었다. 첫째로 교재마다 통일된 속담 선정의 기준 없이 제각기 제시되어 있었다. 둘째로 속담의 의미, 난이도, 빈도수 분배 등이 다 다르다. 그리고 셋째로 속담을 제시한 방법 등이 단조롭고 충분하게 되어 있지 않다. 그러므로 결국 이로 인해 학습자가 속담을 학습할 때 혼란스러울 수밖에 없게 된다. 이것은 결국 언어권별로 학습자에 대한 배려가 전혀 없다는 것을 알 수 있는 것이다. 그래서 이런 문제점들을 해결하기 위한 방안으로서 3장에서 교육용 속담을 분류하고 선정하였다.

　3장에서는 2장에서 얻어낸 이러한 결론을 바탕으로 속담 교육의 중요성을 새롭게 인식하고 객관적인 기준에 의해서 한국 내 및 중국 내 한국어 교재 나타난 속담을 바탕으로 한국 내의 속담교육교재와 중국인 상용속감의 비교를 통해서 다시 교육용속담의 선정하였다. 그리고 속담을 同意同形, 同形異意, 同意異形, 異意異形로 각각 구별하여 비교분석 하였다. 그리고 마지막으로 속담의 수준을 초·중·고급으로 나누어 중국인학습자를 대상으로 수준별로 적절한 교육용속담의 목록을 작성하였다.

4장에서는 3장에서 선정된 교육용 속담 목록을 바탕으로 중국 내 학습자에게 효과적이고 체계적인 속담 교육 방안을 제시하였다. 초급단계에서의 속담은 중국어로 뜻만 옮기면 되는 간결하고 문법도 간단한 것으로 지도한다. 그러므로 초급단계에서의 지도 방법은 낱말카드, 드라마 대본 등의 쉽고 재미있는 자료를 이용하여 학습자가 흥미를 잃지 않고 자신감을 가질 수 있도록 교사가 지도해야 된다. 본고에서 제시하는 초급의 교육 방안은 "도입단계➡제시단계➡의미설명단계➡연습단계➡활용단계" 등 5단계로 구성하였고 '하나를 보면 열을 안다'는 속담을 이용해서 교육방안을 만들었다. 고급의 교육방안은 한국의 시사·사회와 관련된 좀더 복잡하고 다양한 속담을 제시하고 중국인 학습자들에게 한국사회를 더 깊이 이해시킬 수 있도록 구성하였다. 고급은 중급과 같이 "도입단계➡제시단계➡의미설명단계➡연습단계➡활용단계"등 5단계로 구성하였고 '비 온 뒤에 땅이 굳어진다.'를 이용하여 활용방안을 만들었다. 실제 뉴스, 신문 등의 실제 자료를 이용한 수업은 학습자의 흥미를 끌 수 있으면서 고급학습자의 한국어 유창성을 증진시킬 수 있으며 자연스럽게 속담을 통해 한국사회에 접근할 수 있는 기회도 제공할 수 있을 것이다.

이상과 같이 본 고는 중국인 학습자에게 속담 지도의 구체적인 방안을 통해 현장에서 효과적인 속담 지도가 이루어지도록 하는 것에 의의를 두고자 한다. 여기에서 제시한 지도안은 정답이 아니다. 그럼에도 불구하고 교육현장에서 한국어를 가르치고 계시는 교사에게 조금이나마 도움이 되길 바란다. 그러나 제시하는 속담 교육 방안을 구체적으로 실천하지 못한 것이 아쉬움으로 남는다. 그렇기에 앞으로도 꾸준한 속담교육 방법에 대한 보다 구체적인 연구가 필요하며, 더욱 보완되어야 할 것이다.

▶ **부록** 中国常用俗谈凡例

	중국속담	한국직역	한국 속담
1	一人做事,一人当	혼자서 일을 했으면 혼자서 책임을 져야 한다.	자기 죄는 남 안준다.
2	一人的道,鸡犬升天	한 사람이 도를 깨치면 그가 글던 닭과 개까지도 하늘에 올라간다.	한사람의 덕은 여럿이 본다.
3	一不做,二不休	안하면 그만이고 했다 하면 끝까지 한다.	한번 한 일은 하늘이 무너져도 꼭 한다.
4	一寸光阴一寸金, 寸金难买寸光阴	한치의 시간은 한치의 금이다. 한치의 금으로 한치의 시간을 살수 없다.	시간은 돈보다 더 귀하다.
5	一分耕耘,一分收获	일부의 경작은 일분의 수확이다.	뿌린만큼 거둔다.
6	一分钱,一分货	한 푼의 돈이면 한 푼의 값에 해당하는 물건이다.	싼 것이 비지떡이다.
7	一手遮不了天	한 손으로 하늘을 가릴 수 없다.	나쁜 일은 들통나기 마련이다. 조만간 업보를 받는다.
8	一手交钱,一手交货	한손으로 돈을 건내고 또 한 손으로 물건을 건낸다.	선치부 후출급.
9	一回生,二回熟	처음에 할때는 서툴러도 두 번째 할 때는 익숙해진다.	북은 칠수록 맛이 난다.
10	一年之计在于春, 一日之计在于晨	일년의 계획은 봄에 있고 하루의 설계는 아침에 있다.	한해 또는 하루가 시작될 때 그 해 또는 그날의 일을 위해 기초를 잘 다여야 한다.
11	一朵鲜花插在牛粪上	한 송이의 예쁜 꽃이 소똥에 꽂혀 있다.	아름다운 여인과 못생긴 남자가 같이 있을때 비웃는 말이다.
12	一言既出,四马难追	일단 말을 했으면 네 마리의 말을 타도 따라 잡지 못한다.	한번 한 말은 되돌릴 수 없다.
13	一表三千里	친척이라도 하면 삼천리까지 걸린다.	사돈의 팔촌이다.
14	一刻值千金	15분이 천냥의 가치와 맞먹는다.	시간은 귀하다.
15	一夜夫妻百日恩	하루 밤의 부부도 백일의 은정이 있다.	하루 밤에 만리장성을 쌓는다.

16	一物降一物	한 가지 물건은 다른 물건을 제압한다.	뛰는 놈 위에 나는 놈 있다.
17	一波未平,一波又起	한번의 파도가 가라앉기 전에 다른 파도가 또 일어난다.	사고가 꼬리를 물고 연달아 생긴다.
18	一是一,二是二	하나는 하나이고 둘은 둘이다.	확실하게 한다.
19	一个和尚跳水吃, 两个和尚太水吃, 三个和尚没水吃	중이 하나면 물을 길어서 먹고 둘이면 물을 들어서 먹고 셋이면 먹을 물이 없다.	한 집 늙은 이가 둘이면 서로 죽으라고 민다.
20	一个巴掌拍不响	손뼉 하나로는 소리가 안 난다.	고장난명 손뼉도 마주쳐야 소리가 난다.
21	一报还一报	자기가 한 일은 자기에게 되돌아온다.	나쁜 일을 하면 반드시 업보를 받을 것이다.
22	一传十,十传百	한 사람은 열 사람에게 전하고 열 사람은 백명의 사람에게 전한다.	발 없는 말이 천리 간다.
23	一颗老鼠屎, 搞坏一锅粥	한 알의 쥐똥 때문에 한 솥의 죽을 다 못먹게 된다.	한 개울물이 열 개울물을 흐린다.
24	一叶落而知天下秋	나뭇잎이 하나 떨어지는 것을 보고 가을이 왔다는 것을 안다.	한 가지 징조를 보고 세상 돌아가는 것을 할 수 있다.
25	一样米养出百样人	같은 쌀로 백가지 사람을 키워낸다.	같은 환경에 성장한 사람도 각자 성격이 다르다.
26	一朝被蛇咬, 十年怕井绳	하루 아침에 뱀에게 물리면 삼년 동안 새끼줄만 봐도 놀랜다.	자라보고 놀란 가슴, 솥 뚜껑 보고 놀란다.
27	二一添做五	이분의 일은 0.5이다.	반반씩 나눈다.
28	十年河东,十年河西	십년이면 황하 동쪽에 있는 말이 황하 서쪽으로 변한다.	십년이면 강산도 변하니 사람을 얕보면 안된다.
29	十年树木,百年树人	나무를 기르는 데는 십년이 필요하고 인재를 육성하는 테는 백년이 필요하다.	인재를 키우는 것은 백년대계로 매우 어렵고 중요한 일이다.
30	十年寒窗无人问, 一举成名天下知	공부하는 십년동안엔 관심을 두는 사람이 없지만 한 번 급제되면 천하가다 안다.	공부할 때는 사람들이 모르나 합격되면 유명인사가 된다.
31	十步之内,必有芳草	열 걸음 내에 반드시 좋은 풀이 있다.	가까운 곳에 좋은 사람이 있다는 말이다.

32	八九不离十	8과 9는 10과는 멀리 떨어져 있지 않다.	십중팔구 큰 차이가 없다.
33	八仙过海,各显神通	여덟 명의 신선이각자 요술을 써서 바다를 건너간다.	각자의 재주로 한다.
34	人至将死其言也善, 鸟至将死,其鸣也哀	사람은 죽기 전에 좋은 말을 하고 새는 죽기 전에 슬프게 운다.	죽기 전의 사람은 나쁜 말을 안 한다.
35	人不貌象, 人不可斗量	사람은 얼굴로써 판단할 수 없고 바닷물은 말로써 양을 잴 수가 없다.	외모만 가지고 사람을 판단해서는 안 된다.
36	人心隔肚皮, 知人知面不知心	사람의 마음은 뱃가죽을 사이 두고 있으니 사람을 알고 얼굴을 알아도 마음은 알 수 없다.	열 길 물 속은 알아도 한 치 사람속은 모른다.
37	人比人,气死人	사람을 사람과 비교하면 홧병이 나서 죽는다.	위를 보고 살지 말고 밑을 보고 살아라.
38	人生七十古来稀	일흔까지 살 수 있는 사람은 옛부터 드물다.	同
39	人生七十才开始	인생은 칠십세부터 시작이다.	同
40	人外有人,天外有天	사람 밖에 사람 있고 하늘 밖에 하늘이 있다.	기는 놈 위에 나는 놈이 있다.
41	人在人情在, 人死两分开	사람은 살아 있을때 인정이 있는 것이지 죽으면 인정도 사라진다.	인간관계란 것은 살아 있을 때만 존재한다.
42	人在福中不知福	사람이 복덩어리 속에 있는데 복인 줄 모른다.	물 속에 사는 물고기는 물이 귀한 줄 모른다.
43	人死留名,豹死留皮	사람은 죽어서 이름은 남기고 표범은 죽어서 가죽을 남긴다.	
44	人有失足, 马有失蹄	사람이 실족할 날이 있고 말은 말굽을 잃을 때가 있다.	원숭이도 나무에서 떨어질 수 있다.
45	人没伤虎心, 虎有伤人意	사람은 호랑이를 잡을 마음이 없지만 호랑이가 사람을 잡으려고 한다.	사람 조심해야 된다.
46	人老心不老	사람은 늙었지만 마음만은 아직 늙지 않았다.	몸은 늙었지만 마음은 아직 이팔청춘이다.
47	人怕出名,猪怕壮	사람은 유명해지는 것을 두려워해야 하고 돼지는 살찌는 것을 두려워해야 한다.	소문난 호랑이 잔등이 부러진다.
48	人要衣裳,佛要金装	사람은 의상이 필요하고 부처님은 금박이 필요하다.	옷이 날개이다.

49	人急造反,狗急跳墙	사람은 다급하면 반란을 일으키고 개는 다급하면 담장을 뛰어 넘는다.	지렁이도 밟으면 꿈틀거린다.
50	人善被人欺,马善被人骑	사람이 착하면 업신여김을 받고 말이 착하면 사람이 탄다.	나귀는 샌님만 업신여기다. 만만한 데만 말뚝 박는다.
51	人为财死,鸟为食亡	사람은 재물 때문에 죽고 새는 먹이 때문에 죽는다.	욕심이 사람을 죽인다.
52	人倒霉喝凉水也塞牙	사람이 재수 없으면 물을 마실 때도 이빨에 낀다.	재수가 어뵤는 놈은 뒤로 자빠져도 코가 깨진다.
53	人无横财不富,马不吃夜草不肥	사람은 횡재가 없으면 부자가 못되고 말은 밤에 사료가 없으면 살이 안 찐다.	사람은 뜻밖에의 횡재가 없으면 큰 부자가 되기 어렵다.
54	人无千日好,花无百日红	사람은 천날을 좋을 수가 없고 꽃은 백일을 붉을 수가 없다.	봄 꽃도 한 철이다.
55	人无远虑,必有近忧	사람은 먼 훗날을 걱정하지 않으면 필히 눈앞의 근심거리가 생길 것이다.	유비무환有备无患
56	人敬我一尺,我敬人一丈	다른 사람이 나를 한 자 정도로 예우해주면 나는 남을 열 자로 예우한다.	절을 하고 뺨을 맞은 일이다.
57	人穷志不短	사람은 가난하지만 뜻은 가난하지 않다.	가난하게 지내도 큰 뜻은 잃지 않는다.
58	人穷志短	가난하면 뜻이 없다.	돈이 없으면 뜻을 못 세운다.
59	又要马儿跑的好,又要马儿不吃草	말이 빨리 달릴것을 바라면서도 풀은 먹지 못하게 한다.	욕심을 내어 모순되게 행동한다.
60	大丈夫能屈能伸	사나이는 굽힐 수 있고 펼 수도 있다.	사나이는 참을 줄 안다.
61	大丈夫报仇,三年不晚	사나이가 원수를 갚는 데는 삼년이나 걸려도 늦지 않다.	사나이는 일시의 감정을 참아야 한다.
62	大水冲了龙王庙,自家人不认自家人	홍수가 용궁을 잠기게 하듯이 같은 집안 사람을 알아보지 못한다.	같은 편끼리 서로 모르고 싸운다 한 집안 사람도 못 알아본다.
63	大事化小,小事化无	큰 일은 작은 일로 둔갑시키고 작은 일을 없는 일로 둔갑시킨다.	일은 떠버리지 말고 자꾸 작게 만들어야 한다.

64	大鱼吃小鱼	큰 고기는 작은 고기를 먹는다.	강자가 약자를 업신여기다.
65	大处着眼,小处着手	큰 것에 착한하여 작은 테부터 시작한다.	대국적인 견지에 서서 가까운 일부터 손을 댄다.
66	大意失荆州	부주의로 경주를 잃어버리다.	부주의로 실패하다.
67	大难不死,必有后福	큰 화를 당해도 죽지 않으면 필히 뒤에 복이 있을 것이다.	위로한 말.
68	大树底下好乘凉	큰 나무 밑에는 그늘이 있다.	큰 인물 밑에서 일을 한다.
69	工欲善其事,必先利其器	노동자가 그의 일을 잘 하려고 하면 필히 그의 도구들을 잘 마련해둔다.	방죽을 파야 먹구리가 뛰어들지.
70	三人行,必有我师	세 사람이 동행하고 있을 때 그 중에 반드시 나의 스승될 사람이 있다.	어디든지 반드시 나보다 나은 사람이 있다.
71	三十六计走为上策	삼십육계중 줄행랑이 상책이다.	
72	三是年风水轮流转	운수란 것은 삼십년마다 도는 것이다.	세상은 돌고 도는 것이다.
73	三天打鱼,两天晒网	사흘동안 고기를 잡고 이틀동안 어망을 말린다.	사흘 길을 하루 가서 열흘씩 눕는다. 작심삼일.
74	三分人样,七分长相	삼십퍼센트는 본 인물이고 칠십퍼센트는 화장이다.	옷이 날개이다.
75	三分象人,七分象鬼	삼십퍼센트는 사람이고 칠십퍼센트는 귀신과 같다.	인물이 없거나 더럽다는 말이다.
76	三分钟热度	열은 삼분 밖에 유지 못한다.	작심삼일.
77	三句话不离本行	말 세 마디를 하여도 필히 자기 직업과 연결시킨다.	자기의 직업을 매우 의식하는 사람이다.
78	三百六十行,行行出状元	삼백육십 가지의 직종에서 모두 장원이 나온다.	직업에 귀천이 없다.
79	三军可夺帅,匹夫不可夺志	삼군의 원수를 잡을수 있어도 사나이의 뜻을 겪을 수 없다.	자기와 절조는 중요한 것이다.
80	三个臭皮匠,顶个诸葛亮	냄새 풍기는 구두 소선공 세 사람이면 제갈공명보다 낫다.	소경 셋이 모이면 못보는 편지를 뜯어본다.
81	士可杀,不可辱	군자는 죽일 수 있어도 모욕을 할 수 없다.	군자는 죽일 수 있어도 모욕을 할 수 없다.

82	士别三日当刮目相看	선비는 삼일동안 보지 못하다가 만나면 다른 눈으로 보아야 한다.	잠시 만나지 못하더니 아주 달라졌다.
83	上山擒虎易开口求人难	산에 가서 호랑이를 잡는 것은 쉬우나 입을 열어서 남에게 부탁하는 것은 어렵다.	남에게 도움을 요청하는 것은 지극히 어려운 것이다.
84	上梁不正下梁歪	윗 기둥이 바르지 않으면 아랫 기둥이 비틀어진다.	윗 물 맑아야 아랫 물이 맑다.
85	山中无老虎, 猴子称大王	산속에 호랑이가 없어서 원숭이가 왕이 된다.	범이 없는 산에 토끼가 대황노릇을 하다.
86	山高皇帝远	산이 높고 임금님은 멀다.	거리가 멀어서 다스리지 못한다.
87	丈二和尚摸不找头脑	키가 큰 중이 자기머리를 만지지 못한다.	영문을 모른다.
88	丈母娘看女婿, 越看越喜欢	장모가 사위를 보는데 볼수록 마음에 든다.	딸을 사랑하는 어머니는 사위도 사랑하게 된다. 爱屋及屋
89	久病床前无孝子	오래 동안 앓아 누우면 효자가 없다.	긴 병에 효자 없다.
90	久病成良医	병을 오래동안 앓아 명의가 된다.	병을 오래동안 앓는 환자는 전문의가 된다.
91	久赌无胜家	도박을 오래 한 사람 중에 딴 사람은 없다.	도박을 오래하면 패가망신한다.
92	千里送鹅毛, 礼轻情谊重	천리 먼 길에서 거위 털을 보냈는데 선물은 가볍지만 정이 두텁다.	냉수 한 그릇 떠놓고 제사를 지내도 제 정성이다.
93	千补万补不如食补	천번 만번 보신을 하여도 식보 보다 못하다.	잘 먹는 것이 바로 약이다.
94	亡羊补牢,犹未为晚	양을 잃고 외양간을 수리한다.	소 잃고 외양간 고친다.
95	己所不欲,勿施于人	자기가 당하고 싶지 않은 일을 남에게 가하지 말라.	남을 생각하라.
96	女大不终留	여자아이가 크면 집안에 그냥 있게 해서는 안 좋다.	딸은 크면 시집을 보내야 한다.
97	女大十八一枝花	여자아이가 열여덟이 되면 꽃과 같다.	나이차고 미운 계집 없다.
98	女子无才便是德	여자가 재주없는 것이 바로 덕이다.	여자는 배울 필요가 없다.

99	小不忍,则乱大谋	잠시 참지 않으면 큰 일을 망친다.	인내력이 있어야 한다는 말이다.
100	小庙留不住大菩萨	작은 절에는 큰 보살을 모실 수 없다.	접시굽에 한섬을 담을까.
101	少壮不努力, 老大徒伤悲	어릴 때 노력하지 않으면 늙어서 슬퍼해도 소용이 없다.	어릴 때 노력하지 않으면 늙어서 슬퍼해도 소용이 없다.
102	井水不犯河水	우물의 물은 강물을 침범하지 않는다.	서로 싸우지 않는다.
103	今朝有酒今朝醉	오늘 술이 있으면 오늘 취한다.	근심거리는 낼일로 미룬다.
104	不入虎穴,焉得虎子	호랑이 굴에 가지 않고 어떻게 호랑이를 잡느냐.	호랑이 굴에 가야 호랑이 새끼를 잡을 수 있다.
105	不打不相识	싸우지 않으면 서로 모른다.	매 끝에 정든다.
106	不打落水狗	물에 빠진 개를 때리지 않는다.	사람은 궁지로 몰아넣지 않는다.
107	不叫的狗咬人	짖지 않은 개를 사람 문다.	말이 없는 사람 조심해라.
108	不在其位,不某其政	그 자리에 있지 않으면 그 일을 관여하지 않는다.	자기 직분 외의 일에 개입하지 않는다.
109	不孝有三,无后为大	불효는 세 가지가 있는데 자식이 없다는 것이 그 첫째이다.	불효삼천 자식이 없는 것이 가장 큰 불효이다.
110	不见棺材不落泪	관을 직접 보기 전에는 흘리지 않는다.	철저히 실패한 것을 인정하기 전에는 포기하지 않는다.
111	不怕一万,就怕万一	일만은 괜찮은데 만일이 무섭다.	설마 사람을 죽인다.
112	不怕慢,就怕站	느린 것은 두려워하지 말고 단지 멈출 것을 두려워하라.	오줌 누는 새에 십리 간다.
113	不到黄河不死心	황하에 이르지 않으면 결코 포기하지 않는다.	소금이 쉴 때까지 해본다.
114	不按牌里出牌	패의 도리를 지키지 않고 패를 낸다.	상식에 벗어난 일을 한다.
115	不是冤家不聚头	원수가 아니면 만나지 않는다.	원수는 외나무다리에서 만난다.
116	不是不报,日子未到	응보를 받지 않는 것이 아니라 아직 때가 되지 않았을 뿐이다.	나쁜 일 하면 반드시 벌을 받을 때가 온다.

117	不问青红皂白	파랗든 빨갛든 검든 하양든 따지지 않는다.	이여여하를 묻지 않다.
118	不当家不知柴米贵, 不养儿不知父母恩	살림을 하지 않으면 쌀값을 모르고 자녀를 키우지 않으면 부모의 은혜를 모른다.	부모가 되기 전에는 부모의 은혜를 모른다.
119	不管三七二十一	삼칠은 이십일인데도 막무가내이다.	앞뒤를 가리지 않고 에라 모르겠다 자포가지의 뜻이다.
120	不经一事,不长一智	한번 당하지 않으면 지혜가 늘지 않는다.	일을 해보아야 경험이 쌓인다.
121	不鸣则已,一鸣惊人	소리를 내지 않으면 그만이고 소리를 내기만 하면 사람을 놀라게 한다.	쉽게 내보이지 않으나 하기만 하면 사람을 놀라게 한다.
122	狗咬吕洞宾不识好人心	사람의 선심을 몰라주고 개가 여동빈을 물다.	남의 선심호의를 몰라주고 오히려 해칠려구 한다.
123	不为五斗米折腰	다섯 뒤의 쌀 때문에 허리를 굽히지 않는다.	음식 때문에 뜻을 굽히지 않는다.
124	不做中人不做保, 一世无烦恼	중재인이나 보증인을 서지 않으면 한 평생에 걱정거리가 없다.	빚 보증인을 하는 자식을 낳지 말라. 보증인으로 서지 말라.
125	不费吹灰之力	먼지를 불어서 없애 버릴 힘도 필요없다.	식은 죽 먹기.
126	不听老人言, 吃亏在眼前	노인의 말을 듣지 않으면 손해가 눈 앞에 있다.	어른들의 말을 귀담아 듣지 않으면 화를 입을 것이다.
127	夫妻本是同林鸟, 大难来时各自飞	부부는 같은 숲에 사는 새들이지만 큰 재난이 닥쳤을 때는 각자 날아가버린다.	부부는 일심동체이지만 재난이 갑자기 닥쳐올 때는 헤어질 수 밖에 없다.
128	太岁头上动土	목성이 있는 곳에다가 삽질을 한다.	일을 낸다 간 덩이가 크다.
129	太阳从西边出来	해가 서쪽에서 뜬다.	내 손톱에 장을 지져라.
130	天下大势分久必合, 合久必分	천하의 대세란 것이 오래 흩어졌으면 필히 합칠 것이고 오래 합쳐졌으면 필히 흩어질 것이다.	나라와 나라 사이의 관계는 불변하는 것이 아니다.

131	天下没有不散的宴席	세상에 끝나지 않는 잔치가 없다.	조만간에 헤어져야 한다.
132	天下本无事, 庸人徒自扰	세상에 원래 아무일도 없는데 바보 같은 인간이 스스로 골칫거리를 만든다.	쓸데 없는 일을 한다.
133	天下乌鸦一般黑	이 세상의 까마귀들은 똑 같이 까맣다.	나쁜 놈들은 똑 같다.
134	天下无难事, 只怕有心人	세상에 어려운 일이 없다 단지 뜻이 있는 사람이 두려울 뿐이다.	지성이면 감천이다.
135	天生我才必有用	하늘이 나를 낳았음은 반드시 쓸모가 있다.	허수아비도 제 구실은 한다.
136	天有不测风云, 人有旦夕祸福	하늘에는 예측하기 어려운 기상이 있고 사람에게는 아침저녁으로 화복이 있다.	세상만사를 예측하지 못하니까 항상 대비하라.
137	天做捏犹可活, 自做孽,不可活	하늘이 장난칠 때는 살길이 있어도 자기 자신이 악한 일을 하면 살 길이 없다.	화는 자초한 것이다. 나쁜 일을 하지 말아야 한다.
138	天高皇帝远	同山高皇帝远	
139	天时不如地利, 地利不如人和	때가 좋은 것보다는 환경이 좋아야 하며 환경보다는 인화가 더 중요하다.	인간관계가 가장 중요하다.
140	天网恢恢,疏而不漏	하늘의 그물은 눈이 커서 성근 것 같지만 악인은 결코 빠뜨리지 않는다.	나쁜 짓을 하면 잡히게 된다.
141	天无绝人之路	하늘은 사람을 궁지에 몰지 않는다.	하늘이 무너져도 솟아날 구멍이 있다.
142	天涯何处无芳草	이 세상에 어디든지 향기 나는 풀이 있다.	좋은 사람 좋은 친구는 어디든지 있기 마련이다.
143	王小二过年, 一年不如一年	왕소이가 설을 쇠는데 한 해가 전년보다 못하다.	형편이 해가 갈수록 나빠지다.
144	王子犯法与庶民同罪	왕자님도 법을 어기면 서민과 똑 같은 법을 받는다.	만민평등의 뜻이다.
145	五十步笑百步	오십보를 도망간 사람이 백보를 도망간 사람을 비웃는다.	검은 개가 돌을 흉본다 오십보 백보이다.
146	五百年前是一家	오백년전에는 같은 한 집안 식구이였다.	같은 집안이다.
147	仇人相见,分外眼红	원수를 만나서 눈이 빨갛게 된다.	감정이 있는 두 사람이 만나면 싸운다.

148	火烧眉毛,且顾眼前	불이 눈썹앞까지 왔으니 눈 앞의 일밖에 신경을 못 쓴다.	눈썹에 불 붙는다 발등에 불이 떨어지다.
149	文章是自己的好老婆是别人的好	글은 자기 쓴 것이 좋고 처는 남의 처가 좋게 보인다.	글은 자기것이 좋다고 하지만 떡은 남의 것이 크게 보인다.
150	兵来将挡,水来土淹	물이 나오면 흙으로 막고 병이 오면 장군을 출동시킨다.	대책이 있다는 말이다.
151	以小人之心,度君子之腹	소인의 마음으로 군자의 속을 잰다.	제 속 흐린게 남보고 집봐달라는 말.
152	以牙还牙,以眼还眼	이에는 이로 갚고 눈에는 눈으로 갚는다.	이에는 이 눈에는 눈.
153	以其人之道,还治其人之身	그사람의 방법으로 그에게 갚는다.	상대방의 수단과 방법대로 대우해준다.
154	以毒攻毒,以火攻火	독으로 독을 퇴치하고 불로 화공을 퇴치한다.	눈에는 눈이고 이에는 이다.
155	公说公有理,婆说婆有理	영감은 자기의 말이 일리가 있다 하고 할머니는 자기의 말이 일리가 있다고 한다.	서로 잘 하였다고 양보하지 않고 고집을 피우다.
156	比上不足,比下有余	위로 비교해보면 모자라고 아래로 비교해보면 남는다.	보통수준이다.
157	世上无难事,只怕有心人	이 세상에 어려운 일은 없다 단지 마음을 품고 있는 사람만 무섭다.	지성이 감천이다.
158	世有伯乐,后有千里马	세상이 백락이 있으니 천리마가 있을 수 있다.	알아 줄 사람이 있어야 한다.
159	牛头不对马嘴	소 머리와 말 입과 맞지 않다.	동문서답 아닌 밤중에 홍두깨.
160	孔子庙前卖文章	공자묘앞에서 설법.	공자 앞에서 문자 쓰기.
161	日有所思,夜有所梦	낮에 생각한 것은 밤에 꿈으로 나타난다.	낮의 생각은 꿈에 나타난다.
162	心有余,力不足	마음은 있지만 힘이 모자란다.	마음 꿀떡같다.
163	瓜田不纳覆,李下不整冠	뫼밭에서 신발 끈을 매지 않고 자두 나무밑에서는 모자를 정리하지 않는다.	까마귀 날자 배 떨어진다.
164	出门不漏白	외출할 때 돈을 노출하지 않는다.	밖에 나가서 재화를 자랑하지 않는다.

165	皮之不存,毛之将附	껍질이 없으면 털이 어디에다가 붙을 수 있느냐.	순망치한의 뜻이다.
166	半斤八两	반근과 여덟냥이다.	피차일반이다.
167	失之东隅,收之桑榆	아침에 잃어버리고 저녁에 받는다.	시작할 때 실패하였으나 끝에 성공한다.
168	失败是成功之母	실패는 성공의 어머니다.	실패를 하여도 낙심하지 말라.
169	他山之石可以攻玉	다른 나라의 돌로 자신의 옥을 깎는다.	다른 사람의 재능으로 자신의 결점을 보완한다.
170	他乡遇故知	타향에서 옛 지기를 만나다.	타지에서 옛 친구를 만나서 기쁘다.
171	外来的和尚会念经	먼 곳에서 온 중이 경을 읽을 줄 안다.	가까운 무당보다 먼 데 무당이 영하다.
172	外贼易防,家贼难防	외부에서 온 도둑을 방비하기가 쉬워도 집안 도둑을 방비하기가 어렵다.	동
173	用人不疑,疑人不用	사람 쓰면 의심하지 말고 사람을 의심하면 쓰지 말라.	사람을 믿어야 한다.
174	用尽吃奶的力量	젖을 먹던 힘을 다 한다.	젖먹던 힘까지 다 하여 총력을 기울인다.
175	司马昭之心路人皆知	사마소의 마음은 사람마다 안다.	속을 환히 안다.
176	玉不琢不成器	옥이라도 잘 다듬지 않으면 좋은 물건이 못 된다.	아무리 소질이 좋아도 잘 닦고 가르지 않으면 훌륭한 것이 못 된다.
177	四海之内,皆兄弟也	천하의 모든 사람들은 모두 나의 형제들이다.	세계 전체가 모두 형제 같은 사이이다.
178	四体不动,无股不分	사체를 움직이지 않고 오곡도 구별할 줄 모른다.	일을 조금도 하지 않고 생산 실정도 모른다.
179	占小便宜吃大亏	작은 이득을 보려고 하다가 큰 손해를 본다.	
180	只有锦上添花, 哪有雪中送炭	비단위에 꽃을 수놓을 일만 있지 눈 오는 날에 숯을 보내는 일은 없다.	금상첨화 식으로 아첨할 사람은 있어도 어려울 때 도와줄 사람은 없다.

181	只知其一,不知其二	하나만 알고 둘은 모른다.	하나만 알고 둘 모른다.
182	只问耕耘,不问收获	농사만 하고 수확을 생각하지 않는다.	열심히 일만 하고 공로를 다지지 않는다.
183	只许州官放火,不许百姓点灯	도지사는 방화를 해도 무방하지만 백성들은 촛불을 켜도 안 된다.	두더지는 나비가 못되라는 법이 있나.
184	只要工夫深,铁杵磨成绣花针	심혈을 기울이기만 하면 절구공이를 갈아서 수바늘을 만들 수도 있다.	지성이면 감천이다.
185	只闻楼梯响,不见人下来	계단소리만 들리고 사람이 내려온 것이 안 보인다.	실속이 없다는 말이다.
186	大蛇先打头	뱀을 때릴때 먼저 머리를 때려라.	적과 싸울 대 먼저 두목을 잡아라.
187	打狗看主人	개를 때리더라도 그 개의 주인이 누구인가를 보아서 때린다.	인간관계로 봐준다.
188	打破沙锅问到底	뚝배기까지 깨보면서 끝까지 캐묻는다.	미주알 고주알.
189	打开天窗说亮话	하늘의 창문을 열고 솔직한 말을 한다.	털어놓고 말하다.
190	大肿脸冲胖子	얼굴을 때려서 붓게 만들어 뚱뚱보인 척한다.	물은 먹는 배만 튀긴다 허세를 부리다.
191	平时不烧香,临时抱佛脚	평상시에는 분향하러 절을 다니지 않으면서 급할 때는 부처님 다리를 껴안는다.	평상시에 노력하지 않고 급할 때 서투른다.
192	生米煮成熟饭	생쌀이 익은 밥이 되다.	엎지른 물이다.
193	白刀子进,红刀子出	흰 칼리 들어갔다가 붉은 칼이 되어 나온다.	사람을 죽인다.
194	巧妇难为无米之炊	재능이 아무리 많은 아녀자라도 쌀 없이 밥을 지 을 수가 없다.	도깨비도 수풀이 있어야 재주를 피운다. 재료가 있어야 물건을 만들 수 있다.
195	冰冻三尺非一日之寒	삼척 두께로 얼은 얼음은 하루 아침의 추위로 그렇게 된 것이 아니다.	하루 이틀사이에 된 것이 아니다.
196	猪八戒照镜子,里外不是人	저팔계가 거울을 보니까 앞뒤가 모두 인간이 아니다.	진퇴양난 꼴이 말이 아니다.
197	先小人,后君子	먼저 소인 짓을 하고 뒤에 군자답게 행동한다.	사무를 확실하게 한다는 말이다.
198	吉人自有天相	착한 사람은 하늘이 돕는다.	착한 사람은 하늘이 돕는다.

199	生死有命,富贵在天	생사는 운명이 달려있고 부귀는 천명에 달려있다.	사람마다 팔자가 있다.
200	死马当活马医	죽어버린 말을 살아있는 말이라고 생각해서 치료해 준다.	불가능한 일을 최선을 다하여 해본다.
201	死无葬身之地	죽어도 묻힐 곳이 없다.	비참하게 죽는다는 말이다.
202	羊入虎口,有去无回	양이 호랑이 입에 들어가서 돌아오지 못한다.	죽는 길밖에 없다.
203	羊毛出在羊身上	양털은 양의 몸에서 나온다.	모든 것이 출처가 있다.
204	肉包子打狗, 有去无回	고기만두로 개를 때렸으나 가는 것만 있고 돌아온 것이 없다.	함흥차사다. 희망이 없다.
205	百尺竿头,更进一步	백척 대나무의 가장 앞에 있지만 한걸음 더 나간다.	좋지만 더욱 더 노력하여야 한다.
206	百闻不如一见	백문이 불여일견이다.	백문이 불여일견이다.
207	各人自扫门前雪, 休管他人瓦上霜	사람마다 자기 집 문앞의 문을 쓸어도 남의 집 기와위의 서리는 모른 척한다.	남의 일은 참견 안한다.
208	在家千日好, 出外日日难	집에 있으면 천 날도 좋지만 밖에 나가면 하루도 어렵다.	집을 떠나면 모든 일이 어렵다.
209	在家靠父母, 出门靠朋友	집에 있을 때 부모님을 의지하고 집을 떠나면 친구에게 의지한다.	친구가 중요하다.
210	吃一回亏,学一回乖	한번 손해를 보면 배우는 바가 한번 생긴다.	한번 교훈을 받으면 착해진다.
211	吃了人家的嘴软, 拿了人家的手软	남의 것을 얻어먹으면 입이 약해지고 남의 선물을 받고 난 뒤에 손이 짧아진다.	기름 먹고 가죽이 부드럽다.
212	吃力不讨好	힘만 들고 인기가 효과가 없다.	힘만 들고 효과가 없다.
213	好心没好报	선심을 썼지만 좋은 보답이 없었다.	곱다고 안아준 갓난애가 바지에 똥을 싼다.
214	吃不了,兜着走	너무 많아서 다 먹지 못하여 싸가지고 간다.	복수를 할테니 조심하라.
215	好的开始是成功的 一半	좋은 시작은 성공의 반이다.	시작이 반이다.
216	好狗不档路	좋은 개는 길을 가로 막지 않는다.	착한 사람은 나쁜 짓을 안 한다.

217	好马不吃回头草	좋은 말은 머리를 돌려 풀을 먹지 않는다.	군자는 후회하지 않는다.
218	好事不出门, 坏事传千里	좋은 일은 잘 알려지지 않지만 나쁜 일은 쉽게 퍼진다.	나쁜 소문은 빨리 전해진다.
219	好汉不吃眼前亏	사나이는 눈앞의 손해를 보지 않는다.	세가 불리할 때 잠시 양보한다.
220	吃软不吃硬	연한 건은 먹지만 딱딱한 것은 먹지 않는다.	좋은 말은 따르지만 공갈은 무서워하지 않는다.
221	吃得苦中苦, 方为人上人	고생중의 고생을 참을 수 있는 사람이라야 사람들의 위 사람이 될 수 있다.	고생을 하여야 출세할 수 있다.
222	朽木不可雕也, 粪土之墙不可圬也	썩은 나무는 새길 수 없고 썩은 흙으로 만든 담벽은 흙손질 할 수 없다.	마른 나무에 꽃이 피랴.
223	有仇不报非君子	원한이 있으면서 갚아주지 않으면 군자가 아니다.	한이 있으면 풀어야 한다.
224	有奶便是娘	젖만 있으면 아무에게도 엄마라고 부른다.	돈만 주면 의리도 팽개치고 따른다.
225	有其父必有其子	그러한 아버지가 있으면 반드시 그러한 아들이 있다.	그 아버지의 그 아들.
226	有借有还,再借不难	빌렸으면 갚아야 한다 그래야 다시 빌릴수 있다.	신용이 있어야 한다 오뉴월 품앗이도 진작 갚으랬다.
227	有福同享有难同当	복이 있으면 같이 누리고 화가 있으면 같이 감당하다.	고락을 같이 한다.
228	有眼不识泰山	눈이 있어도 태산을 알아보지 못한다.	무식하다.
229	有冤报冤,有仇报仇	원한이 있으면 원한을 갚고 원수가 있으면 원수를 갚는다.	원한가 있으면 갚는다.
230	有缘千里来相会, 无缘对面手难牵	인연이 있으면 천리 먼 길이 떨어져 있어도 만날 것이며 인연이 없으면 서로 마주쳐도 모른다.	무엇이든지 인연이 있어야 한다.
231	有钱能使鬼推磨	돈만 있으면 귀신으로 하여금 맷돌질하게 할 수 있다.	돈만 있으면 안 되는 일이 없다.
232	有意栽花花不开, 无心插柳柳成荫	꽃을 심을 뜻이 있어 꽃을 심었으니 꽃은 피지 않고 무심코 버들가지를 꽂았더니 나무 그늘을 이루었다.	세상만사는 제 뜻대로 되는 게 아니고 의외가 많다.

233	江山易改,本性难移	강산 쉽게 바뀔수 있어도 사람의 본성은 쉽게 고칠 수 없다.	보리로 담근 술 보리 냄새가 안 빠진다.
234	老王卖瓜,自卖自夸	왕씨는 수박을 팔면서 자기의 수박은 달다고 한다.	자화자찬.
235	老虎头上拍苍蝇	호랑이 머리에 있는 파리를 때려 잡는다.	자는 범 코침주기.
236	老婆是人家的好,孩子是自己的好	처는 남의 처가 곱고 자식은 제 새끼가 곱다.	처는 남의 처가 곱고 자식은 제 새끼가 곱다.
237	成事不足,败事有余	일을 도울 것이 못되고 일을 망치기가 충분하다.	부조는 않더라도 제상이나 치지 말라.
238	忍字头上一把刀	참을 忍자의 위에는 칼 한 자루가 있다.	참을 忍자 위에는 칼 한자루가 있다. 참는 것은 어려운 일이지만 참아야 한다.
239	见怪不怪,其怪自坏	이상한 것을 보아도 이상하게 여기지 않으면 그 이상한 것은 없어진다.	이상한 일을 보아도 진정하기만 하면 정상적으로 된다.
240	见树不见林	나무만 보이고 숲이 안 보인다.	나무만 보고 숲을 못 본다. 안목이 짧다.
241	却之不恭,受之有愧	사양하면 공경스럽지 못하고 받으면 부끄럽다.	사양하지도 못하고 받을 수도 없는 상황이다.
242	你走你的阳关道,我过我的独木桥	당신은 당신의 큰 길을 가고 나는 나의 외나무 다리를 걷는다.	서로 간섭하지 말자.
243	出生牛犊不怕虎	하룻 송아지 범 무서운 줄 모른다.	하룻 송아지 범 무서운 줄 모른다.
244	君子之交淡如水,小人之交甜如蜜	군자들의 사귐은 물과 같이 담담하고 소인배들의 사귐은 꿀과 같이 달콤하다.	군자들은 의리로 사귀고 소인배들은 달콤한 말로 사귄다.
245	君子不记小人过	군자는 소인의 잘못을 기억하지 않는다.	상대방의 용서를 받아들인다는 말이다.
246	君子一言四马难追	군자의 한마디 말은 천리마도 따라갈 수 없다.	약속을 지켜야 한다.
247	君子动口,小人动手	군자는 입을 사용하며 소인은 손을 사용한다.	싸우지 말고 말로 해결하자.

248	男大当婚,女大当嫁	남자가 크면 장가를 가야 하고 여자가 크면 시집을 가야 한다.	누구든지 크면 결혼해야 한다.
249	佛是金裝,人是衣裳	부처님은 금박을 필요로 하고 사람은 옷을 필요로 하다.	옷은 체면이다.
250	快刀展乱麻	잘 드는 칼로 엉켜진 마를 잘라버린다.	마른 나무 꺾기.
251	伸手不打笑脸人	손을 내밀어도 웃는 사람을 때리지 않는다.	웃는 얼굴에 뺨을 못친다.
252	走了和尚,走不了庙	중이 떠나도 절은 남아 있다.	중이 떠나도 절은 남아 있다.
253	秀才不出门, 能知天下事	수재는 문 밖에 나가지 않아도 천하의 일을 알 수 있다.	공부를 많이 하면 많이 알수 있다.
254	秀才人情纸一张	수재의 교제수단은 종이 한 장이다.	돈이 없는 사람의 의사표시는 글로 한다.
255	儿孙自有儿孙福	자손들은 자손들의 복이 있다.	사람마다 제각기 타고난 복이 있다.
256	言者无心,听者有意	말은 한 사람은 본의가 아니지만 듣는 사람은 오해한다.	말을 조심해서 해라.
257	两虎相斗,必有一伤	두 마리의 호랑이가 서로 싸우면 반드시 한 마리가 부상당한다.	서로 싸우지 말자.
258	近水楼台先得月	물에 가까운 누각이 먼저 달님을 따게 된다.	지리적으로 가까운 사람이 유리하다.
259	近朱者赤,近墨者黑	빨강색에 가까이 하면 빨갛게 되고 먹에 가까이 하면 검게 된다.	먹에 가까이 하면 검어진다.
260	来而不往非理也	온 것만 있고 가는 것이 없으면 예의가 아니다.	오는 정이 있어야 가는 정이 있다.
261	来者不善,善者不来	온 사람이 좋은 사람 없고 마음씨가 좋은 사람은 안 온다.	앙심을 품고 온 사람이다.
262	放下屠刀,立地成佛	도살 칼을 놓으면 선 자리에서 당장 부처가 될 수 있다.	회개하면 즉각 성인이 될 수 있다.
263	放长线,掉大鱼	낚시 줄을 길게 하여 큰 고기를 낚는다.	계획을 잘 세워 큰 수확을 올린다.
264	狗改不了吃屎	개가 똥을 먹는 버릇은 고치지 못한다.	개 버릇 남 못 준다.
265	狗咬吕洞宾, 不识好人心	개가 여동빈을 물다니 좋은 사람의 마음을 몰라준다.	기르던 개에게 다리를 물렸다.

266	狗眼看人低	개 눈에는 사람이 낮게 보인다.	개눈에는 똥만 보인다 남을 얕보면 안 된다.
267	狗嘴里吐不出象牙来	개의 입속에는 상아가 나지 않는다.	무식한 사람이 무식한 말을 한다.
268	狗拿耗子都管闲事	개가 쥐를 잡는 쓸데 없는 일에 참견하다.	쓸데없이 참견한다.
269	拆东墙,补西墙	동쪽벽을 헐어서 서쪽 담을 보수한다.	밑돌을 빼서 웃돌을 고이는 격.
270	青出于蓝,而胜于蓝	청색은 파란색에서 나온 것인데 파란색보다 더 파랗다.	스승보다 제자가 더 뛰어나다.
271	杯水车薪	물 한 컵으로 한 차의 불을 끌 수 없다.	수량이 너무 모자라다.
272	虎父无犬子	호랑이는 강아지와 같은 새끼가 없다.	그 아버지에 그 아들.
273	虎毒不食子	호랑이는 잔인하지만 자기 새끼는 안 먹는다.	호랑이도 자기새끼를 아낀다.
274	虎落平阳被犬欺	호랑이가 平阳땅에 가니까 개에게 희롱을 당한다.	사람이 운수가 없을 때는 소인배에게서도 놀림을 당한다.
275	名枪易躲,暗箭难防	보이는 총을 파하기가 쉬워도 보이지 않는 화살은 방비하기가 어렵다.	뒤에서 공격하는 것이 가장 무섭다.
276	名修栈道,暗渡陈沧	표면에 잔도를 수리하는 척을 하고 몰래 진창으로 간다.	속임수를 쓴다.
277	明知山有虎,偏向虎山行	산에 호랑이가 있는 줄 알면서도 일부러 산으로 간다.	알면서 일부러 한다.
278	此一时,彼一时	그 때는 그 때고 지금은 지금이다.	차일시 피일시 때가 달라졌고 상황도 달라졌다.
279	肥水不落外人田	거름을 타인의 논에 주지 않는다.	좋은 것은 자기가 차지한다.
280	朋友妻不可欺	친구의 처를 업시여기면 안 된다.	친구의 도의를 지켜야 한다.
281	受人之托,终人之事	사람의 부탁을 받았으면 충실하게 실천하여야 한다.	약속을 지켜야 한다.
282	受人钱财替人消灾	남의 돈을 받았으면 남의 어려움을 해결해 주어야 한다.	다른 사람으로부터 이득을 없었으면 그 사람을 도와주어야 할 의무가 있다.

283	知人知面不知心	사람을 알고 얼굴 알아도 마음은 모른다.	열 길 물속은 알 수 있어도 한 길 사람 속은 알 수 없다.
284	知子莫若父, 知女莫若母	아버지보다 아들을 잘 아는 사람이 없고 어머니보다 딸을 더 잘 아는 사람이 없다.	부자와 모녀관계의 밀접성을 강조하는 말이다.
285	知过能改,善莫大焉	잘못을 고칠 줄 알면 그것보다 더 좋은 일이 없다.	개과천선하는 것은 매우 중요한 일이다.
286	泥菩萨过江, 自身难保	흙으로 만든 부처가 강을 건너는데 자신이 위태롭다.	자기 자신을 보존하지 못한다.
287	官大有险,树大招风	관직을 너무 높으면 항상 위험하고 나무가 너무 높으면 바람을 일으킨다.	지위가 높을수록 조심하여야 한다.
288	拼死吃河豚	죽음의 위험을 무릅쓰고 복어를 먹는다.	위험한 일을 한다는 말이다.
289	英雄无用武之地	영웅이 힘을 쓸 데가 없다.	재주가 있지만 발휘할 장소가 없다.
290	英雄只怕病来磨	영웅은 단지 병마로 고생할 것을 무서워할 뿐이다.	아무리 용감한 사람도 병을 무섭게 여긴다.
291	苦海无边,回头是岸	고해는 끝이 없지만 머리를 돌리면 바로 바닷가이다.	회개하기만 하면 바른 길로 갈 수 있다.
292	要想人不知, 除非己莫为	남을 모르게 하려고 하면 다만 자기가 하지 않는 것 밖에 없다.	꼬리가 길면 밟히다.
293	姜太公钓鱼, 愿者上钩	강태공이 낚시질을 하는데 자원자만 밖에 된다.	강태공의 곧은 낚시질.
294	客去主人安	손님이 떠나면 주인의 마음이 편하다.	손님을 초대하는 것은 어려운 일이다.
295	客随主变	손님은 주인의 뜻을 따른다.	주인의 뜻을 따르겠다는 말이다.
296	前人种树,后人乘凉	앞 사람이 심은 나무밑에 뒤 사람이 그 그늘아래에서 쉰다.	앞 사람의 수고로 뒤 사람이 덕을 본다.
297	前不着村,后不着店	앞에는 마을이 없고 뒤에는 점포가 없다.	외딴 곳에 있다는 말이다.
298	前事不忘,后事之师	앞 일을 잊지 않으면 뒷 일의 스승이 된다.	과거의 경험을 잊지 말자는 말이다.
299	兔子不吃窝边草	토끼는 자기 둥우리 근처의 풀을 먹지 않는다.	자기 이웃들에게 해를 끼치지 않는다.

300	城墙上的草, 风吹两面倒	성벽 위의 풀이 바람에 따라 양쪽으로 기운다.	주견이 없는 사람이나 투기하는 얌체를 가리키는 말이다.
301	相逢何必曾相识	서로 만날 사람이 반드시 구면일 필요가 없다.	만나는 것이 바로 인연이다.
302	恨铁不成钢	쇠가 강철이 안되는 것을 안타깝게 여긴다.	기대가 크다는 말이다.
303	哪有猫不吃腥	어느 고양이가 비린내가 난 고기를 먹지 않겠는가.	개가 똥을 마다할까?
304	是非只为多开口, 烦恼只为强出头	말썽은 모두 입을 많이 열기 때문이고 번뇌는 너무 나서기 때문에 생기는 것이다.	입을 함부로 열지 말고 너무 나서지 말라는 말이다.
305	是非自有公论	옳은 것과 틀린 것은 공정한 논평이 있기 마련이다.	옳은 것이라면 무서워할 필요가 없다.
306	是福不是祸, 是祸躲不过	복이라면 화가 되지 않을 것이며 화라면 피할 수 없다.	제 복을 귀신도 못 물어간다.
307	星星之火可以燎原	별 같은 작은 불이 평야를 태워버릴 수 있다.	작은 불씨가 큰 화재를 일으킬 수 있다.
308	皇天不负苦心人	하늘은 뜻이 있는 사람을 나쁘게 해주지 않는다.	뜻만 있으면 성공할 것이다.
309	皇帝不急,急死太监	임금님이 급하지 않는데 내시가 급해 죽는다.	당사자는 여유 있지만 옆에 사람은 초조하다.
310	急擎风撞到慢郎中	급한 병이 생겼는데 성질이 느긋한 의사를 만났다.	성질이 급한 사람이 성질이 느긋한 사람과 만났다.
311	马不知脸长	말은 자기의 얼굴이 길쭉한 줄 모른다.	숯이 검정을 나무란다.
312	狡兔死,走狗烹	교활한 토끼가 죽어버리니까 사냥개도 삶기게 된다.	이용가치가 없어지면 버림을 받는다.
313	见风使舵顺水推舟	바람을 보고 키를 사용하고 물길을 따라 배를 민다.	대세를 따라야 한다.
314	重赏之下,必有勇夫	큰 상금을 걸면 반드시 용감한 사람이 나온다.	중상 아래 반드시 날랜 사람이 있다. 돈으로 걸면 자원자가 있다.
315	哀兵必胜,骄兵必败	슬픔 갖고 있는 병사는 반드시 이길 것이며 교만한 병사는 필히 패배할 것이다.	사람이 항상 겸손하여야 하며 교만하면 안된다.

316	屋漏偏逢连夜雨	집이 새는데 공교롭게 밤새 비가 내린다.	밀기루 장사면 바람이 불고 소금장사하면 비간 온다.
317	活到老,学到老	늙을 때까지 배운다.	나이 예순 되도록 셈이 든다.
318	胳膊周子肘子望往外拐	팔은 안으로 굽는다.	팔은 안으로 굽는다.
319	差之毫厘,谬之千里	천분의 일 미리의 차이로 천리의 거리가 벌어진다.	조금의 잘못으로 큰 과오를 범한다.
320	神不知,鬼不觉	신이 모르고 귀신도 모른게 한다.	쥐도 새도 모르게 한다.
321	神龙见首不见尾	용은 머리만 보이고 꼬리가 보이지 않는다.	신출귀몰하다는 말이다.
322	纸包不住火	종이는 불을 쌀 수 없다.	진상은 조만간 드러날 것이다.
323	书中自有颜如玉,书中自有黄金屋	책속에는 자연히 옥과 같은 미인이 있고 황금의 집이 있다.	공부를 하면 미안과 돈을 다 얻을 수 있다.
324	恭敬不如从命	공경하는 것이 명령을 따르는 것보다 못하다.	말씀대로 따르는 것이 가장 옳은 길이다.
325	真人不露相	진짜 사람은 얼굴을 노출하지 않는다.	실력이 있는 자는 쉽사리 보여주지 않는다.
326	真人面前不说假话	실력자 앞에서는 거짓말을 안한다.	실력자 앞에서는 거짓말을 안한다.
327	真金不怕火炼	진짜 금은 불의 시련을 무서워하지 않는다.	실력이 있으면 시련을 두려워하지 않는다.
328	豹死留皮,人死留名	표범이 죽으면 가죽을 남기고 사람이 죽으면 이름을 남긴다.	호랑이가 죽으면 가죽을 남기고 사람이 죽으면 이름을 남긴다.
329	拿得起,放得下	들 수도 있고 내릴 수도 있다.	마음의 부담이 안된다.
330	病从口入,祸从口出	병은 입에서 들어가고 화는 입에서 나온다.	말을 조심하라.
331	病急乱投医	병이 급할 때 아무 의사를 찾는다.	사람은 급할 때 당황한다.
332	高不成,低不就	높은 데는 안되고 낮은 데는 가려고 하지 않다.	사람이 까다로우와서 일 할 자리를 찾기가 어렵다.

333	害人之心不可有, 防人之心不可无	사람을 해칠 마음이 있으면 안되며 사람을 방비할 마음이 없어도 안된다.	사람을 항상 조심해라.
334	家和万事兴	집안이 화목하면 모든 것이 잘 이루어진다.	집안 화목하여야 모든 것이 잘 될 수 있다.
335	家花不如野花香	집안의 꽃은 들꽃보다 향기롭지 못하다.	남의 떡 커 보인다. 남의 것이 좋아보인다.
336	家家有本难念的经	집집마다 읽기가 어려운 경본이 있다.	집집마다 어려운 일이 있다.
337	家丑不可外扬	집안의 부끄러운 일은 바깥에 말할 것이 못된다.	집안의 부끄러운 일은 감추어야 한다.
338	浪子回头金不换	탕자가 회개하면 금화보다도 귀하다.	탕자가 회개하면 금화보다도 귀하다.
339	旁观者轻,当局者迷	옆에서 방관하는 사람이 잘 아는데 당사장은 잘 모른다.	하는 자보다 보는 사람이 더 잘 안다.
340	宰相肚里能撑船	재상의 배속에는 배를 띠울 수가 있다.	통이 크다는 말이다.
341	财大气粗	돈이 많으면 기고만장한다.	돈이 많으면 오만해진다.
342	财去人安乐	돈이 가도 사람이 평안하다.	돈을 잃었지만 사람은 무사하다.
343	财去人情去	돈이 없으면 인정도 가러린다.	돈이 없으면 상관할 사람도 없다.
344	杀人不见血	사람을 죽여도 피가 보이지 않는다.	사람을 잘 죽인다는 말이다.
345	杀人不眨眼	사람을 죽여도 눈하나 깜박하지 않는다.	잔인한 살인막이다.
346	杀鸡用牛刀	닭을 잡은데 소 잡는 칼을 쓸 필요가 없다.	모기를 보고 칼을 뺀다.
347	孙悟空跳不出如来 佛的掌心	손오공이 여래불의 손바닥을 벗어날 수 없다.	아무리 재주가 많아도 소용이 없다.
348	留得青山在不怕没 柴烧	청산을 남겨두면 땔 감이 떨어질 걱정을 안해도 된다.	강하기만 하면 성공할 수 있다 호랑이한테 물려도 정신만 차리면 산다.
349	酒不醉人人自醉, 色不迷人人自迷	술은 사람을 취하게 하지 않는데 다만 사람이 스스로 취할 뿐이다 여색은 사람을 매혹시키지 않는데 단지 사람이 스스로 매혹에 빠질 뿐이다.	모든 것이 스스로 자초한 것이다.

350	酒能成事亦能败事	술은 일을 도울 수도 있고 일을 망칠 수도 있다.	술을 조심하라.
351	酒后吐真言	술을 마신 후 진실을 토로한다.	술을 마신 후 진실을 토로한다.
352	酒逢知己千杯少, 话不投机半句多	술은 자기의 친구를 만나면 천 잔을 마셔도 모자라고 말은 서로 맞지 않으면 일어반구라도 길다.	자기의 친구를 필요로 하고 서로의 뜻이 맞아야 한다.
353	流言止于智者	유언비어는 똑똑한 사람에 의하여 멈춘다.	유언비어는 똑똑한 사람에 의하여 멈춘다.
354	将相本无种, 男儿当自强	장군과 재상은 타고 난 것이 아니다. 사나이가 스스로 노력하여야 한다.	왕후장상이 씨가 없다 노력하면 출세할 수 있다.
355	强中更有强中手	강한 자 중에 더 강한 자가 있다.	뛰는 놈 위에 나는 놈이 있다.
356	强将手下无弱兵	용장의 부하에는 약한 병졸이 없다.	용장의 부하에는 약한 병졸이 없다.
357	牵一发而动全身	머리카락을 하나를 당기니까 온 몸이 영향을 받는다.	사소한 일 때문에 모든 것이 영향을 받는다.
358	清官难断家务事	명관도 집안 일을 판단하기가 어렵다.	명관도 부부싸움과 같은 집안분규를 처리하기가 어렵다.
359	哑巴吃黄连, 有苦说不出	벙어리가 황련을 먹어도 쓰다는 말을 못한다.	벙어리 냉가슴 앓듯.
360	麻雀虽小,五脏聚全	참새가 작긴 작지만 오장육부를 다 갖추고 있다.	규모가 작지만 있어야 할 것은 다 있다.
361	船到桥头自然直	배는 다리밑까지 가면 딴 길이 자연적으로 나온다.	모든 일이란 끝가지 가면 자연적으로 해결된다.
362	救人一命, 胜早七级佛徒	사람 목숨 하나 구해주는 것이 칠층의 불탑을 쌓는 것보다 공덕이 더 크다.	사람의 생명을 구해주는 것이 무엇보다도 공덕이 크다.
363	捧着金碗要饭吃	금그릇을 안고 거지동냥을 한다.	자신의 장점을 쓸 줄 모른다.
364	常将冷眼看螃蟹, 看你横行到几时	늘 차가운 눈으로 게를 본다. 자네는 언제까지 옆으로 횡행할 것인가.	나쁜 사람들의 비행은 오래 가지 못할 것이다.

365	惟恐天下不乱	세상이 어지럽기를 바란다.	세상이 어지럽기를 바란다.
366	眼不见为净	눈이 안 보이면 깨끗한 것으로 간주한다.	차라리 안 보는것이 낫다.
367	眼里揉不下沙子	눈에는 모래를 둘 수 없다.	눈에 가시.
368	野火烧不尽, 春风吹又生	들판의 풀은 불로 다 태울 수가 없고 봄바람이 불면 다시 살아난다.	풀을 빼면 뿌리를 없이 하라 뿌리를 뽑기가 힘든 것을 말한다.
369	猫哭老鼠假慈悲	쥐가 죽었다고 고양이가 우는 것은 가짜로 자비를 베푼 것이다.	진심이 아니라는 말이다.
370	挂羊头,卖狗肉	양 머리를 걸고 개고기를 판다.	양두구육이다 겉과 속 다르다.
371	欲速则不达	빨리 하려고 하니까 오히려 늦어진다.	모든 일을 여유있게 하여야 한다.
372	欲穷千里木, 更上一层楼	천리 먼 곳을 구경하려고 하면 한층 위를 더 올라가야 한다.	끊임없이 노력하여야 더 높은 차원에 도달할 수 있다는 말이다.
373	做一天和尚, 敲一天钟	하루 종 노릇을 하고 잇는 한 하룻동안 종을 친다.	주면 먹고 안 주면 안 먹는다 이래도 한 인생 저래도 한 인생.
374	女大十八变	노란색 머리의 계집애는 열여덟살이 되면 변한다.	아무리 못생긴 여자라도 열려덟살이 되면 예뻐진다.
375	黄鼠狼给鸡拜年没 安好心	족제비가 세배를 하지만 좋은 마음을 두고 있지 않다.	나쁜 사람이 방문을 하는 것은 좋은 일이 아니다.
376	情人眼里出西施	애인의 눈에는 서시가 나타난다.	제 눈의 안경이다.
377	偷鸡不成反蚀把米	닭을 훔치려고 하다가 실래하여 쌀만 손해를 보았다.	혹을 때려 갔다가 혹 붙였다.
378	干打雷不下雨	천둥만이 치고 비가 내리지 않는다.	큰 소리만 치고 실편하지 않는다.
379	脱裤子放屁多此一举	바지를 벗고 방귀를 뀌 듯이 필요없는 것이다.	쓸테 없는 수고를 한다.
380	得饶人处且饶人	사람을 용서할수 있을때 용서하라.	사람을 궁지에 몰지 말라.

381	国家兴亡,匹夫有责	나라의 흥망은 개개인의 책임에 있다.	나라의 흥망은 개개인의 책임에 있다.
382	国有国法,家有家规	나라는 나라의 법이 있고 집에서는 집안의 규율이 있다.	나라는 나라의 법이 있고 집에서는 집안의 규율이 있다.
383	胜不骄,败不馁	이겨도 교만하지 않고 패배해도 낙심하지 않는다.	승부를 평상심으로 한다.
384	无毒不丈夫	독이 없으면 사나이가 아니다.	마음이 독해야 성공할 수가 있다.
385	无风不起浪	바람이 없으면 파도가 안일어난다.	아니 땐 굴뚝에 연기가 날까?
386	无颜见江东父老	고향의 어른들을 만나뵐 면목이 없다.	부끄럽다는 말이다.
387	无事不登三宝殿	일이 없으면 절에 안온다.	일이 있어서 왔다.
388	不做亏心事, 半夜不怕鬼叫门	나쁜 짓을 하지 않으면 밤중에 문을 두드리는 소리가 나도 놀라지 않는다.	나쁜 짓을 하지 않으면 마음이 든든하다.
389	为富不仁,为仁不富	부자는 어진 마음이 없고 어진 마음이 있는 사람은 부자가 못된다.	돈이 있는 사람들은 인애심이 없다.
390	项庄舞箭,意在沛公	항우가 칼 춤을 추는 것은 유방을 죽이려고 하는 것이다.	진짜의 목적은 다른 데에 있다.
391	棍棒下出孝子	막대기 밑에 효자가 난다.	귀한 자식 매 한 대 더 때린다.
392	棋错一着,满盘皆输	한 수가 틀리니까 온 판이 다 진다.	한 번의 실수로 모든 것을 망친다.
393	画虎不成反类犬	범을 그렸는데 고양이가 되었다.	뱁새가 황새따라 가다가 가랑이 찢어진다.
394	量小非君子, 无毒不丈夫	통이 작으면 군자가 아니고 마음이 독하지 않으면 사나이가 아니다.	베짱이 있어야 한다.
395	恶人先告状	나쁜 사람이 먼저 소송을 건다.	도둑이 먼저 관청에 간다 못 된 놈이 선수를 친다.
396	最毒妇人心	가장 독한 것은 여자의 마음이다.	계집의 독한 마음 오뉴월에 서리 내린다.
397	智者千虑,必有一失	똑똑한 사람도 천번 고려해봤자 필히 생각지 못한 점이 있을 것이다.	원숭이도 나무에서 떨어질때가 있다.

398	善有善报,恶有恶报,不是不报,时候未到	좋은 행위는 좋은 보답이 있고 나쁜 행위는 나쁜 업보가 있으며, 업보는 없는 것이 아니라 때가 아직 이르지 않았을 따름이다.	욕은 욕으로 갚고 은혜는 은혜로 갚는다. 모든 행위는 업보가 있다.
399	温室的花草经不起风霜	온실의 꽃은 바람과 서리를 이길 수 없다.	고난을 겪어봐야 인물이 될 수 있다.
400	朝文道,夕死可也	아침에 도를 깨달으면 저녁에 죽어도 한이 없다.	아침에 도를 깨달으면 저녁에 죽어도 한이 없다.
401	贫在闹市无人问,富在深山有远亲	가난할 때 시내 번화가에 있어도 물어보는 사람이 없고 부유할 때 깊은 산중에 있어도 먼 친척이 있다.	가난하면 개도 쳐다보지 않는다.
402	贫贱夫妻百事哀	가난하고 지위가 없는 부부는 모든 것이 슬프다.	가난한 부부에게는 기쁨이 없다.
403	贫贱不能移,威武不能屈	빈천하더라도 뜻을 바꾸지 않고 위협공갈에도 뜻을 굽히지 않는다.	군자는 가난해도 꿋꿋하고 폭력에도 굴복하지 않는다.
404	贫贱之交不可忘,糟糠之妻不下堂	빈천할 때의 친구를 잊어서는 안되고 조강지처를 버려서도 안된다.	어려울 때의 친구나 아내를 잊어서는 안된다.
405	债多不仇,虱多不痒	빚이 많으면 걱정이 없고 이가 많으면 간지럽지 않다.	습관이란 것은 무서운 것이다.
406	雷声大雨点小	천둥소리는 크지만 빗방울은 작다.	태산명동서일필.
407	爱叫的母鸡不下蛋	잘 우는 암탉은 알을 낳지 않는다.	김 안나는 숭늉이 더 뜨겁다.
408	敬酒不吃吃罚酒	정중하게 드린 술을 받아 마시지 않고 벌주를 받아 마신다.	좋은 말로 하면 따르지 않고 나쁜 태도로 상대해야 말을 듣는다.
409	落井下石,趁火打劫	우물에 빠진 사람에게 돌 던지고 불난 집에서 강도짓을 하다.	불난 집에서 도둑질을 하다.
410	落花有意,流水无情	낙화가 뜻이 있으나 유수가 무정하다.	짝사랑을 한다.
411	隔行如隔山	직업이 다르면 산을 사이에 두고 있는 것과 같다.	자기의 직업과 상관없는 일이라면 잘 알 수 없다.
412	隔层肚皮,隔层山	뱃 속 알기는 산을 사이 두고 있는것 처럼 알기 어렵다.	열길 물속은 알아도 한 길 사람속은 알기 어렵다.

413	路见不平,拔刀相助	길에서 억울한 일을 보면 칼을 뽑고 도와준다.	모르는 사이지만 어려운 일을 보면 도와준다.
414	路遥知马力, 日久见人心	길이 멀면 말의 힘 알게 되고 시일이 오래 되면 인심을 알게 된다.	한 집에서 살아보고 한 배를 타보아야 속을 안다 세월이 흘러야 사람의 진심을 알 수 있다.
415	蜀中无大将, 廖化当先锋	서나라에는 좋은 장군이 없어서 요화가 선봉장으로 나섰다.	장님나라에서는 애꾸가 왕이다.
416	置之死地而后生	죽을 땅에 빠진 후에야 산다.	죽을 각오를 하여야 살아난다.
417	结铃还需系铃人	방울을 풀 때 역시 방울을 매는 사람이 필요하다.	결자해지.
418	衙门深似海, 有理无钱莫近来	관청은 바다처럼 깊으니 정당한 이유가 있어도 돈이 없으면 들어오지 말라.	소송은 좋지 않은 일이니까 함부로 걸지 말라.
419	愚者千虑,必有一得	둔한 사람도 천번 생각하면 필히 일득이 있다.	아무리 머리가 나쁜 사람도 심사숙고하면 득이 있다.
420	新官上任,三把火	신관이 부임하여 세 개의 햇불에 불을 부친다.	새로 부임한 관리는 세 개의 햇불 마냥 기세등등하다.
421	搬起石头砸自己的脚	돌을 옮겨서 자기의 발을 친다.	도끼로 제 발을 찍는다.
422	嫁出去的女儿, 泼出去的水	시집 보낸 딸은 뿌려진 물과 같다.	시집간 딸은 뒤집어진 물 출가외인이다.
423	嫁鸡随鸡,嫁狗随狗	닭에게 시집갔으면 닭을 따르고 개에게 시집 갔으면 개를 따른다.	여필종부이라.
424	万丈高楼平地起, 英雄不论出身低	만장의 높은 빌딩도 땅에서 지작되었듯이 영웅은 출신고하에 상관없이 될 수 있다.	작은 것부터 큰 것을 이룬다.
425	万般皆下品, 唯有读书高	모든 것은 보잘 것이 없고 단지 공부하는 것만이 최고다.	공부하는 사람만이 존경을 받는다.
426	万事具备,只欠东风	모든 것이 준비 되어 있는데 단지 동풍만 없다.	귀힌것은 상량문.

427	当着和尚骂贼秃	중을 앞에 두고 대머리 도둑의 머리가 까졌다고 욕을 한다.	건너 산을 보고 꾸짖다.
428	睁一只眼,闭一只眼	눈 하나를 뜨고 하나를 감다.	모른 척 한다.
429	睁眼说瞎话	눈 뜨고 거짓말을 한다.	새 빨간 거짓말을 한다.
430	辣椒是小的辣	고추는 작은 것이 맵다.	고추는 작은 것이 맵다.
431	跳进黄河也洗不清	황하에 뛰어들어도 깨끗하게 씻을 수 없다.	회복하지 못할 누명을 쓰다.
432	道不同不相为谋	길이 다르면 서로 의논하지 않다.	뜻이 다르면 서로 왕래하지 않는다.
433	道高一尺,魔高一丈	도인의 능력은 한 자이지만 마귀의 능력은 열 자나 된다.	뛰는 놈 위에 나는 놈이 있다.
434	种瓜得瓜,种豆得豆	뫼를 심은 데 뫼가 나고 통 콩을 심은 데 콩이 나다.	콩 심은 데 콩 나고 팥 심은 데 팥 난다.
435	说你胖,你就喘起来了	당신이 살이 많다고 하니까 당신은 숨이 차기 시작한다.	칭찬을 들어서 오만해진다는 말이다.
436	说曹操曹操到	조조에 대한 이야기를 하니 조조가 온다.	호랑이 제 말하면 온다.
437	福无双至,祸不单行	복은 두 개씩 오지 않고 화는 혼자서 다니지 않는다.	엎친 데 덮친다 설상가상이다.
438	聚沙成塔,积少成多	모래를 모으면 탑이 되고 겨드랑이의 털을 모으면 털옷이 된다.	티끌 모아 태산.
439	饱暖思淫欲	배가 부르면 음탕한 욕심을 낸다.	배가 부르면 음탕한 욕심을 낸다.
440	漫天要价,就地还钱	하늘 높이 값을 부르고 그 자리에서 에누리한다.	엿장사는 마음대로이고 매매는 에누리를 하여야 한다.
441	旗开得胜,马到成功	깃발을 펴자마자 이기고 말이 도착하자마자 성공한다.	시작하자마자 성공한다.
442	远亲不如近邻	면 친척은 가까운 이웃만 못하다.	이웃사촌이다.
443	精诚所至,金石为开	정성이 있으면 바위도 열린다.	지성이면 감천이다.
444	醉翁之意不在酒	술 마신 사람의 뜻이 술에 있지 않다.	명태 한 마리 놓고 딴전 보다.
445	宁为玉碎,不为瓦全	차라리 옥쇄할망정 너절하게 살기를 원치 않다.	명예를 지키겠다는 말이다.

446	宁为鸡头,不为牛后	닭의 부리가 되더라도 소의 엉덩이 되지 않겠다.	닭 벼슬이 될 망정 쇠 꼬리는 되지 말라.
447	热锅上的蚂蚁	뜨거운 솥 위의 개미.	안절부절하다.
448	陪了夫人又折兵	처를 잃고 병사도 전멸되었다.	내 곳 잃고 내 함박 깨뜨린다 게도 구럭도 놓치다.
449	请神容易送神难	신을 부르는 일은 쉽지만 신을 보내기는 어렵다.	나쁜 사람을 불러오기는 쉽지만 보내기는 어렵다.
450	穷则变,变则通	궁하면 변하고 변하면 통한다.	궁즉변 변즉통이다.
451	慧眼识英雄	똑똑한 눈만이 영웅을 볼 줄 안다.	인재를 볼 줄 아는 것은 쉽지 않다.
452	擒贼先擒王	도둑을 잡을 때 두목을 먼저 잡아라.	도둑을 잡을 때 두목을 먼저 잡아라.
453	踏破铁鞋无觅处, 得来全不费工夫	쇠로 된 구두가 다 닳도록 찾을 길이 없었는데 힘 하나 들이지 않고 찾아내다.	의외로 찾았다는 말이다.
454	瞎猫遇到死耗子	눈 먼 고양이가 죽은 쥐를 만났다.	소경 문 걸쇠 운수가 좋았다.
455	箭在弦上不得不发	화살이 현에 있어 쓰지 않을 수 없다.	기호지세이다. 내친 걸음.
456	靠山吃山靠水吃水	산에 있으면 산을 믿고 물가에 있으면 물을 믿고 산다.	환경을 따라 살아야 한다.
457	寡妇门前是非多	과부 사는 집앞에 시비가 많다.	과부집 수캐 많다. 과부집 일이 많다.
458	阎王好见,小鬼难缠	염라대황은 만나기가 쉬워도 그 밑의 잡신들과 상대하기 어렵다.	염라대황은 만나기가 쉬워도 그 밑의 잡신들과 상대하기 어렵다.
459	阎王注定三更死并 不留人到五更	염라대왕이 삼경에 죽으라고 하면 오경까지 남겨두지 않는다.	사람의 수명은 정해진 것이다.
460	子不教父之过	아들 잘 교육 시키지 못함은 아버지의 잘 못이다.	자녀의 교육은 아버지가 담당하여야 한다.
461	养兵千日,用兵一时	병사를 천일동안 훈련시킨 것은 하루아침의 일을 위한 것이다.	오랜 동안의 준비를 해서 하루 아침에 결정이 난다.

462	养儿防老,积谷防饥	아들을 키워서 늙을 때를 대비하고 곡식을 쌓아서 배 고플 때를 대비하다.	유비무환이다.
463	亲不亲,故乡人, 美不美,故乡水	친하든 않든 고향사람이며 앎답든 않든 고향의 물이다.	까마귀도 내 땅 까마귀라면 반갑다. 고향의 사람과 물은 가장 정이 든다.
464	钱上分明大丈夫	돈을 분명하게 하는 사람이 진짜 사나이다.	금전관계를 분명히 하라.
465	钱财不漏白	돈이나 재화 같은 것을 외부에 노출하면 안된다.	돈과 재화를 항상 조심해라.
466	学如逆水行舟 不进则退	배우는 것은 마치 물을 거슬어 올라가는 것과 같다 앞으로 나아기지 않으면 뒤로 밀려간다.	배울 때 끊임없이 열심히 배워야 한다.
467	学然后知不足	배우고 난 후에야 자기가 모자라는 것을 안다.	항상 배워라.
468	谋事在人,成事在天	일을 꾸미는 것은 사람이나 이루는 것은 하늘에 달려 있다.	진인사 대천명이다.
469	嘴上无毛,办事不牢	입에 털이 없으면 일을 제대로 못한다.	하루 비둘기 재를 못 넘는다 젊은 사람은 믿을 수 없다.
470	亲兄弟,明算帐	친형제라도 장부를 분명히 한다.	가까운 사람일수록 돈관계는 분명하게 하여야 한다.
471	树高千丈,叶落归根	천장이나 되는 나무라도 그 잎이 떨어지면 뿌리로 간다.	사람이 늙으면 고향을 찾는다.
472	树欲静而风不止	나무가 고요하게 있고 싶어하나 바람이 그치지 않다.	일은 사람의 주관적인 욕망대로 되지 않는다.
473	树倒猢狲散	나무가 쓰러지면 원송이들이 사방으로 도망간다.	두목이나 부자가 망하면 그 밑의 사람들이 떠나버린다.
474	骂人不打草稿	사람을 욕할 때 미리 원고를 준비하지 않는다.	사정없이 사람 욕한다.
475	龙生龙,凤生凤, 老鼠生儿会打洞	용이 용을 낳고 봉황은 봉황을 낳고 쥐가 낳은 새끼는 구멍을 팔 줄 안다.	그 아버지의 그 아들.
476	龙游浅水遭虾戏	용이 얕은 물에서 헤엄을 치더니 새우의 놀림을 당한다.	때를 잘 못 만나면 소인배의 놀림을 당한다.

477	龙虎相争,殃及迟鱼	용과 호랑이가 싸워서 물고기가 수난을 당한다.	고래싸움에 새우등이 터진다.
478	螳螂捕蝉,黄雀在后	사마귀가 매미를 잡으려고 하는데 황새가 그 뒤에 있다.	남을 노리다가 자기의 입지가 위험할 줄 모른다.
479	姜是老的辣	생강은 오래 된 것이 맵다.	나이가 많은 사람이 경험이 많다.
480	攀的高,跌的重	높이 올라가면 떨어질 때 더 아프다.	관직이 높을수록 위험하다.
481	聪明一时,糊涂一世	일생동안 총명했을지라도 어리석을 때가 한 번은 있다.	총명한 사람도 실수를 할 수 있다.
482	聪明反被聪明误	총명하지만 총명 때문에 망한다.	제 꾀에 제가 넘어간다 꾀병에 말라죽겠다.
483	戏法人人会变, 各有巧妙不同	요술은 누구든지 할 줄 안다 다만 기교만 드를 뿐이다.	잔꾀 부리지 말고 정직하여야 한다.
484	谦受益,满招损	겸손하면 득을 보고 교만하면 손해를 본다.	겸수익 만초손이다 사람은 겸손하여야 한다.
485	丑媳妇也得见公婆	못생긴 며느리도 시부모를 만나뵈야 한다.	조만간 보여주어야 한다.
486	丑媳妇熬成婆	못생긴 며느리도 십년이면 시어머니가 된다.	고진감래. 참으면 출세할 수 있다.
487	旧的不去新的不来	헌 것이 가지 않으면 새것이 오지 않는다.	헌 것이 마련없이 버린다.
488	断了线的风筝飞不远	실이 끊어진 연은 멀리 날아가지 못한다.	원조가 없으면 오래 지탱하지 못한다.
489	关门养虎,虎大伤人	문을 닫아서 호랑이를 키우더니 호랑이가 커서 사람을 해친다.	화를 자초한다.
490	绣花枕头一独草	수를 놓은 베개 속에는 풀 밖에 없다.	명주비단에 똥싸개 빈 깡통이다.
491	鸡蛋里挑骨头	계란속에 뼈를 찾는다.	두부속 가시를 찾는다 시비를 건다.
492	临渴掘井,尿急挖坑	입이 마를 때 우물을 파고 오줌이 급할 때 구멍을 판다.	평상시에 준비하지 않고 급할 때 한다.
493	覆巢之下无完卵	뒤엎인 새집밑에 성한 알이 없다.	나라가 망하면 성한 국민이 없다.

494	识时务者为俊杰	시무를 아는 사람이 똑똑한 사람이다.	상황판단은 잘 하는 사람이 똑똑한 사람이다.
495	赖蛤蟆想吃天鹅肉	못생긴 두꺼비가 백조 고기를 먹으려고 한다.	주제를 모른다. 까마귀 꿩 잡아 먹을 궁리한다.
496	铁杵磨成绣花针, 功到自然成	절구공이를 갈아 수를 놓을 바늘로 만들 듯이 정성을 들이면 자연적으로 목표를 이룰 수 있다.	무쇠도 갈면 바늘이 된다. 꾸준히 노력하면 성공할 수 있다.
497	铁树开了花, 哑巴说了话	소철나무가 꽃을 피우고 벙어리가 입을 열어 말을 한다.	절로 죽은 고목에 꽃이 핀다 불가능한 일이다.
498	鹬蚌相争,鱼翁得利	새와 조개가 싸워서 어부가 득을 본다.	방율지쟁. 어부지리이다.
499	读书有三到,眼到, 手到,心到	공부할 때 세가지가 와야 한다.즉 눈 손 입과 마음이 와야 한다.	공부를 할 때 분심하면 안된다.
500	读不尽的书, 走不完的路	다 읽을 수 없는 것은 책이고 다 걸을 수 없는 것은 길이다.	공부는 영원히 마칠 수 없다.

양 정楊靜

한국외국어대학교 국어국문학과 졸업·문학박사
한영외국어고등학교 중국어과 외국인 초빙 교원
한국관광대학교 관광중국어과 중국어 강사
연세대학교 상남경영원 MBA과정 중국어 강사
現 중국 광동외어외무대학교(廣東外語外貿大學) 동양어대 조선어학과 전임교수
　호원대학교 한국어교육원 한국어 초빙 교수

중국어권 학습자를 위한
속담교육 연구

초판인쇄	2021년 11월 15일
초판발행	2021년 11월 22일

저　　자	양정楊靜
발 행 인	윤석현
책임편집	윤여남
발 행 처	도서출판 박문사
주　　소	서울시 도봉구 우이천로 353, B1
전　　화	(02) 992-3253(대)
전　　송	(02) 991-1285
전자우편	bakmunsa@hanmail.net
홈페이지	http://jnc.jncbms.co.kr
등록번호	제2009-11호

ⓒ 양정楊靜, 2021.
ISBN 979-11-89292-93-5　93700　　　　　**정가** 15,000원